Paul & Liz Griffin

Zorn

Wie gehe ich damit um?

Paul & Liz Griffin

Zorn

Wie gehe ich damit um?

cap-books

Bestell-Nr.: 52 50415
ISBN 978-3-86773-020-4

cap-books by cap-music
Oberer Garten 8
D-72221 Haiterbach-Beihingen
www.cap-music.de

Übersetzung: Ingo Schreurs
Bibelzitate (wenn nicht anders angegeben):
Revidierte Elberfelder Übersetzung © 1985/1991/2006 R. Brockhaus Verlag

Originally published in English under the title:
Paul & Liz Griffin: Anger
© Sovereign World Ltd.
Ellel Grange, Ellel
Lancaster
LA2 0HN
England

Grafik: Olaf Johannson, spoon design
Satz und Druck: Schönbach Druck, Erzhausen

Inhalt

Vorwort 7

Einleitung 9

Kapitel 1 Zorn – wie gehen wir damit um? 13

Kapitel 2 Was ist eigentlich Zorn? 19

Kapitel 3 Warum bin ich so zornig? 29

Kapitel 4 Was sagt die Bibel über Zorn? 45

Kapitel 5 Was können wir von Jesus über Zorn lernen? 55

Kapitel 6 Wie sind wir bisher mit Zorn umgegangen? 63

Kapitel 7 Wie kann ich meinem Zorn in einer gottgemäßen Weise Ausdruck geben? 75

Kapitel 8 Herr, warum befreist du mich nicht von meinem Zorn? 85

Kapitel 9 Schritte zur Heilung von Zorn 97

Kapitel 10 Wie kann ich andere in Liebe konfrontieren? 113

Kapitel 11 Zorn – wie gehe ich in Zukunft damit um? 125

Über die Autoren 131

Über Ellel Ministries 132

Weitere empfehlenswerte Bücher 134

Vorwort

Für viele Menschen ist ihr Zorn eine veritable „Leiche im Keller“. Und die Folgen können weitreichend sein: Dinge geraten außer Kontrolle, Menschen werden verletzt und leiden und auch der Betroffene bereitet sich ständig selber Probleme. Nicht selten trifft man auf Menschen, die wirklich aufrichtig ein Leben als Christ führen wollen und nicht verstehen, warum dieser Bereich ihres Lebens immer wieder aus dem Ruder läuft. Die Wurzel liegt oft in unverarbeitetem Ärger aus zurückliegenden Erlebnissen. Diesen Ursachen muss man sich stellen und sie beseitigen, sonst bleiben sie ein ständiger Auslöser für Schwierigkeiten und potenzielle Krisen.

Darum freue ich mich sehr, dass Paul und Liz Griffin ihre Erfahrungen aus vielen Jahren des geistlichen Dienstes in einem Buch zusammengefasst haben. Sie tun das in einer Weise, die das Problem zwar ohne Umschweife anspricht, aber auf keinen Fall beim Leser Schuldgefühle oder Verdammnis hervorruft. Dieses Buch soll Menschen einfach helfen zu verstehen, was vor sich geht und einen Weg zu Heilung und Wiederherstellung zu finden. Um ein Problem zu lösen, ist es zunächst nun einmal wichtig, es zu verstehen.

Ich bete, dass dieses ausgezeichnete Buch viele Menschen ermutigt und ihnen hilft, zu sehen, dass sie nicht für den Rest ihres Lebens mit dem Problem des Zorns leben müssen. Es wird bestimmt für viele Menschen ein Segen sein.

Peter Horrobin
Internationaler Leiter von Ellel Ministries

Einleitung

Die meisten von uns müssten auf die im Titel genannte Frage *„Zorn – wie gehe ich damit um?"* wahrscheinlich antworten: *„Ziemlich schlecht"*. Vielen von uns ist dabei vielleicht noch nicht mal klar, dass hier tatsächlich ein Problem vorliegt. Andere werden behaupten, dass sie selbst gar kein Problem damit haben, ihren Zorn im Zaum zu halten – sondern dass allein ihre Mitmenschen daran schuld sind, wie sie auf die unvermeidlichen Frustrationen im Leben reagieren. Und vielleicht ist uns ja auch gar nicht bewusst, dass die Frage, wie wir mit diesem übermächtigen Gefühl umgehen, auch starke Auswirkungen auf andere Menschen hat.

„Zorn – wie gehe ich damit um?"

Vielleicht verteidigen wir die Art, wie wir unseren Ärger zum Ausdruck bringen, indem wir sagen, dass dies einfach zu unserer Persönlichkeit dazugehört. In jedem Fall kämpfen aber viele von uns damit, dieses Gefühl unter Kontrolle zu halten. Unser Leben ist durchzogen von Begebenheiten, in denen wir diese Kontrolle verloren und unseren Gefühlen in einer sündhaften und nicht gottgewollten Art Luft gemacht haben. Darauf folgten dann oft Schuldgefühle und Reue, aber keine durchgreifende Veränderung unserer Reaktionen.

Im Laufe der Jahre haben wir bei Ellel Minstries vielen Menschen gedient, die bei uns Hilfe gesucht haben. Dabei ist uns klar geworden, dass die Unfähigkeit, mit Zorn umzugehen, für viele Christen ein ernst zu nehmendes Problem ist. Es hat Einfluss auf unsere Beziehung zu Gott und zu anderen Menschen. Es beeinflusst auch unser Denken über uns selber. Und nicht selten liegt darin sogar eine Wurzel für Krankheiten und Depressionen.

Wir stellten fest, dass die meisten Menschen noch nie eine Predigt zum Thema „Zorn und Ärger" gehört hatten. Wir bemerkten auch, dass es unter Christen sehr unterschiedliche Vorstellungen darüber gibt, was die Bibel zu diesem Thema zu sagen hat. Kaum jemand versteht den Unterschied zwischen gerechtem und ungerechtem Zorn, oder ist in der Lage, Ärger in einer Weise auszudrücken, die Gottes Charakter entspricht. Die Bedeutung des Dämonischen wird dabei entweder vollkommen ignoriert oder überbetont. Es ist offensichtlich, dass hier ein Bedarf an biblischer und praktischer Lehre zu diesem Thema besteht.

Wir waren schon etwas nervös, als wir uns aufmachten, 1997 in Ellel Grange unser erstes Seminar zum Thema „Zorn und Ärger" anzubieten. Wir hatten dieses Seminar weithin bekannt gemacht und hatten keine Ahnung, wer sich schließlich anmelden und zu uns kommen würde. „Wer, der noch seinen Verstand beisammen hat, möchte fünfzig zu Zorn neigende Menschen ein ganzes Wochenende unter einem Dach versammelt haben?", fragten wir uns. Vielleicht sollten wir ja besser alles beiseite schaffen, das nicht festgeschraubt war, für den Fall, dass jemand einen heftigen Wutanfall bekommt? Oder sollten wir einige männliche Teammitglieder als Bodyguards für den Sprecher in die erste Reihe setzen?

> *„Wer, der noch seinen Verstand beisammen hat, möchte fünfzig zu Zorn neigende Menschen ein ganzes Wochenende unter einem Dach versammelt haben?", fragten wir uns.*

Die Menschen, die dann zu uns kamen, wirkten aber überhaupt nicht wie der „Hulk" (ein fiktiver Comic- und Filmheld, der sich jedes Mal, wenn er sich ärgert, in ein riesiges grünes Monster mit übernatürlichen Kräften und dem Verstand eines Kleinkindes verwandelt). Es waren ganz normale Christen, Menschen, die ein Problem mit ihrem Zorn hatten. Entweder sie wussten es selbst oder andere hatten es ihnen gesagt. Die meisten sahen auch überhaupt nicht zornig aus, vielmehr waren wir überrascht, auf Menschen zu treffen, die zu ihren Gefühlen oft überhaupt keinen Zugang mehr fanden.

Im Verlauf des Wochenendes staunten wir darüber, wie Gott diesen Menschen Verständnis gab und wie er tiefgehende Heilung in ihren Leben wirkte. Rückmeldungen und Zeugnisse wie die Folgenden haben uns ermutigt und werden hoffentlich auch Sie ermutigen:

> *„Ich hatte mit Zorn zu kämpfen. Schon mein Vater war ein sehr zorniger Mann; ein Alkoholiker, der uns nicht gut behandelt hat, und ich hatte immer das Gefühl, das sei meine Schuld. Gott hat mir das alles weggenommen und nun bin ich frei weiterzugehen. Ich glaube, ich bin gestern Abend völlig geheilt worden."*
>
> *„Ich habe jetzt verstanden, was es mit dem Zorn auf sich hat. Den größten Teil meines Lebens war ich ein Mensch, der sehr zum Zorn neigte. Aber Gott verändert uns. In diesem Seminar habe ich gelernt, was guter Zorn ist."*
>
> *„Als wir gestern Abend dafür beteten, dass Erinnerungen und Gefühle wieder zueinander finden sollten, da hat Gott mir etwas gezeigt. Ich erinnerte mich daran, wie mein Vater mich scharf zurecht wies, weil ich meinen Gefühlen freien Lauf gelassen hatte. Der Seelsorger betete mit mir und brach die Macht dieser Worte. Heute sehe ich, wie befreiend das für mich war."*
>
> *„Jahrelang war ich nicht mehr zornig gewesen und dachte schon, Zorn würde in meinem Leben keine Rolle mehr spielen. Aber der Herr zeigte mir, dass ich den Zorn nur verkapselt hatte. Wenn es in der Vergangenheit Situationen gab, in denen ich hätte zornig werden sollen, gab ich mir stattdessen selbst die Schuld und unterdrückte den Zorn. Ich wurde zornig auf mich selbst. Gestern Abend hat Gott mir geholfen. Ich musste diesen Selbsthass einfach loswerden."*

Die Lehre und die Hilfestellungen, die wir auf unseren Seminaren anbieten und die schon vielen Menschen eine tiefgehende Heilung gebracht haben, sind die Grundlage für dieses Buch. Wenn Sie also die folgenden Seiten lesen, dann stellen Sie sich ruhig vor, sie nehmen an einem unserer Seminare teil, und setzen Sie dann das, was Sie lernen, auch in die Tat um. Wir beten, dass Gott Ihnen hilft zu verstehen, dass er Ihnen Hoffnung gibt, und dass in Zukunft Ihre Antwort auf die Frage „*Zorn – wie gehen Sie damit um*?" lauten wird: „*Viel besser als früher.*"

Paul und Liz Griffin
Ellel Grange, März 2006

Kapitel 1

Zorn – wie gehen wir damit um?

Im Verlauf des Abends wurde Brian, der junge Mann, der neben mir (Paul) saß, immer unruhiger. Der Sprecher sprach gerade davon, dass Gott Heilung in unser Leben bringen will, aber Brian schien einfach nicht stillsitzen und zuhören zu können. Zuerst begann er, unruhig mit den Füßen zu scharren. Dann veränderte er dauernd seine Sitzposition, als wenn er unbequem säße. Schließlich bemerkte ich, dass er die Fäuste ballte, die Muskeln in seinem Nacken waren angespannt. Sein Gesicht hatte sich rötlich verfärbt. Ich begann mich gerade zu fragen, was mit ihm los sei, als er sich zu mir hinüber beugte und mir ins Ohr zischte: „Ich würde am liebsten nach vorne gehen und diesen Redner erwürgen."

„Ich könnte diesen Redner erwürgen."

Ich war etwas überrumpelt. Ich war zum ersten Mal Mitarbeiter während eines Heilungsseminars, und ich konnte mich nicht erinnern, in unserer Ausbildung etwas darüber gelernt zu haben, wie man mit Menschen umgeht, die Hilfe suchen, aber gleichzeitig jemanden ermorden wollen. Man hatte mir zwar gesagt, dass ich mit allem rechnen müsste, aber das hatte ich nun doch nicht erwartet. Ich dachte daran, dass ich wohl die längste Zeit Mitarbeiter gewesen wäre, wenn ich zulassen würde, dass eine Person, die mir anvertraut ist, den Sprecher des Abends angreift.

Ich begann, inständig zu beten und bereitete mich zugleich innerlich darauf vor, mich diesem Menschen in den Weg zu werfen, wenn er aufstehen und nach vorne gehen sollte. Seltsam, irgendwie hatte ich bisher in allen Versammlungen immer gehofft, dass die Menschen auf die Predigt reagieren und nach vorne gehen würden. Plötzlich ertappte ich mich selbst dabei, wie ich dem jungen Mann zuflüsterte: „Warten Sie lieber noch einen Moment, er ist noch nicht ganz fertig." Diese Worte waren offenbar direkt vom Himmel gegeben. Sie taten ihre Wirkung und der Zorn des jungen Mannes legt sich wieder etwas, so dass er für den Rest des Abends Ruhe bewahren konnte. Wie dankbar bin ich, dass er während des Seminars Hilfe fand und dieses Problem jetzt los ist.

Julians Geschichte

Auch Julian war ein junger Mann, dem ich zu helfen versuchte, und der es während eines Vortrags bei unserem Heilungsseminar mit seinem Zorn zu tun bekam. Er konnte es einfach nicht ertragen, dass der Sprecher sagte, dass wir einen himmlischen Vater haben, der uns liebt. Mit einem Vater verband aber alles Mögliche, aber auf keinen Fall jemanden, der ihn liebt. Er wusste alles über zornige Väter. Er kannte Väter, die einen ohne erkennbaren Grund grün und blau schlagen. Er hatte Väter erlebt, vor denen man sich verstecken musste, wenn sie mal wieder betrunken aus der Kneipe nach Hause kamen. Er kannte Väter, die niemals ein gutes Wort für einen hatten. Aber er wusste praktisch nichts und hatte keinerlei Erfahrung mit einem Vater, der für einen sorgt und das Beste für einen will.

Er wusste alles über zornige Väter.

Plötzlich sprang er aus seinem Sitz auf und rannte in das Eingangsfoyer von Ellel Grange – ich ihm dicht auf den Fersen. Mit übermenschlicher – oder war es übernatürliche – Kraft nahm er den lederbezogenen Chesterfieldsessel (der sicher fast hundert Kilo wog), hob ihn über seinen Kopf und warf in quer durch das

Foyer. Nach diesem überraschenden Zornausbruch brach er auf dem Fußboden zusammen und fing an, unkontrolliert zu schluchzen und zu weinen. Die Erinnerung an all die Ablehnung, die er von seinem Vater erfahren hatte, war in ihm hoch gekommen. Von einem Augenblick zum anderen kam ein kräftiger, zorniger und gewalttätiger junger Mann mit dem inneren Schmerz eines verletzten kleinen Jungen in Berührung. Als wir später zusammen beteten, erfuhr er zum ersten Mal die Liebe, die Gott als sein himmlischer Vater für ihn hat.

Er brach auf dem Fußboden zusammen und fing an, unkontrolliert zu schluchzen und zu weinen.

Die Geschichte von Joyce

Menschen haben ganz verschiedene Arten, mit ihrem Zorn umzugehen. Nehmen wir zum Beispiel Joyce. Sie war als Teenager von zu Hause ausgerissen, um den sexuellen Annäherungsversuchen des Freundes ihrer Mutter zu entgehen. Den größten Teil ihres erst kurzen Lebens hatte sie in Waisenhäusern, Wohnheimen oder einfach draußen auf der Straße verbracht. Sie hatte gelernt, unabhängig zu sein und niemandem außer sich selbst zu vertrauen, und war offensichtlich äußerst rebellisch.

In ihr brodelte ein Zorn, dessen sie sich gar nicht richtig bewusst war. Sie war schon in einigen Gemeinden gewesen, aber die Menschen dort hatten auch nicht gewusst, wie sie mit ihr umgehen sollten. Ihre unkontrollierten Ausbrüche hatten schon mehrfach dazu geführt, dass sie von Hausgruppentreffen ausgeschlossen worden war. Mit einem Lächeln erzählte sie uns, dass die Gemeinde es gar nicht lustig fand, als sie einmal ihre Wut an einem aufwendigen Blumenarrangement vor dem Gemeindehaus ausgelassen hatte. Man hatte nicht im geringsten den Eindruck, dass Joyce dieser Vorfall leid tat. Sie war vielmehr der Ansicht, dass sie ein Recht hatte, ihren Gefühlen auf diese Art Ausdruck zu geben.

Die Geschichte von Liz

Es war eine ereignisreiche Woche gewesen. Ich (Liz) ging zu meinem wöchentlichen Frauentreffen und fühlte mich niedergeschlagen und bedrückt. Dort beteten meine Freundinnen für mich, dass Gott mich mit dem Heiligen Geist erfüllen möge. Anschließend wurde ich von der Gegenwart Gottes geradezu überwältigt und betete zum ersten Mal im Leben in fremden Sprachen. Von da an war ich nicht mehr niedergeschlagen, sondern jeden Tag mit der Freude Gottes erfüllt. Auch meine Freundin Angela war von Gott berührt worden und hatte daraufhin beschlossen, sich taufen zu lassen. So freute ich mich auch für sie.

Sein Gesicht lief rot an und er wurde sehr wütend.

Ich ging noch immer wie auf Wolken, als ich mit dem Gemeindevikar zusammenstieß. „Ist das nicht großartig“, sprudelte ich heraus, „dass Angela sich nächste Woche taufen lassen will?“ Mit seiner Reaktion hatte ich nicht gerechnet. Sein Gesicht lief rot an und er wurde sehr wütend. Aufgebracht entgegnete er mir: „Denkt sie etwa, Gott hätte nichts gemacht, als sie als Baby getauft wurde? Warte nur, bis ich die zu packen kriege.“ Ich war fassungslos, dass etwas, das ich wundervoll und großartig fand, in seinen Augen so vollkommen falsch sein konnte.

Peters Geschichte

Peter erzählte jedem, dass er voller Zorn, Bitterkeit und sogar mit Mordabsichten zu diesem Heilungsseminar gekommen war. Sein Sohn stand gerade vor dem Konkurs, weil er von einem Geschäftspartner betrogen worden war. „Dieser Mann“, sagte Peter, „hat unsere ganze Familie in Schwierigkeiten gebracht. Mit seiner Gier hat er das totale Chaos angerichtet und uns ruiniert. Als ich hierher kam, hasste ich ihn und wollte ihn umbringen.“ Peter, der eigentlich seinen verdienten Ruhestand hätte genießen können, zweigte nun von seiner kleinen Rente noch etwas ab, um zu helfen, die Schulden seines Sohnes abzuzahlen.

> *„Als ich hierher kam, hasste ich ihn und wollte ihn umbringen."*

Während des Seminars lernte Peter es, sich seinen intensiven Gefühlen zu stellen und mit ihnen umzugehen. Er war schließlich sogar in der Lage, diesem Mann zu vergeben. Vor der ganzen Versammlung berichtete er: „Ich habe nun einen Frieden, den ich nie für möglich gehalten hätte. Ich weiß, dass ich jetzt zu dem Menschen, der meinem Sohn so in Schwierigkeiten gebracht hat, hingehen und sagen könnte: ‚Ich vergebe Ihnen.' Das hat Gott in meinem Leben bewirkt. Alles, was ich jetzt noch will, ist, ihm dienen, wie und wo immer es ihm gefällt. Ich danke Gott für das Wunder, das er an mir getan hat."

Diese kleinen Einblicke in das Leben einiger Menschen, denen wir über die Jahre dienen durften, zeigen, auf welch unterschiedliche Arten Menschen versuchen, mit ihrem Zorn fertig zu werden. Einige haben einfach ihren ungerechtfertigten Zorn zum Ausdruck gebracht. Andere haben ihren Zorn zusammen mit ihren Verletzungen und ihrem Schmerz tief in sich vergraben. Wieder andere haben ihren Zorn auf eine Weise ausgedrückt, die schädlich und zerstörerisch war.

> *Sie haben gelernt, weiter zu gehen, ohne länger an die Ereignisse der Vergangenheit gebunden zu sein.*

Einige wenige haben gelernt, ihren Zorn auf eine gottgemäße Weise zu handhaben. Sie haben gelernt, die Ursachen ihres Zornes zu erkennen und zu akzeptieren, dass ihre zornigen Gefühle eine Folge dessen waren, was ihnen widerfahren war, und dass diese Gefühle von Gott gegeben und ganz in Ordnung waren. Sie haben dann gelernt, ihren Gefühlen in richtiger Weise Ausdruck zu geben. Und sie haben gelernt, denen zu vergeben, die sie verletzt haben. Sie haben gelernt, weiter zu gehen, ohne länger an die Ereignisse der Vergangenheit gebunden zu sein.

Kapitel 2

Was ist eigentlich Zorn?

Was ist Zorn? Wir finden auf diese Frage erst eine Antwort, wenn wir die Frage „Wer sind wir?“ beantwortet haben. Viele Menschen haben damit zu kämpfen, dass sie ihrem Ärger auf eine falsche Weise Ausdruck geben, weil sie nicht wissen, wer sie sind und wie Gott sie geschaffen hat. Solange wir nicht wissen, wie unsere Gefühle in uns angelegt sind und welche Aufgabe sie erfüllen, werden wir auch Schwierigkeiten haben, sie auszudrücken oder darauf auf eine Gott gemäße Weise zu reagieren.

Wer sind wir?

Wir alle sind in einer zunehmend säkularen und atheistischen Welt aufgewachsen, eine Welt, die uns einer Art Gehirnwäsche unterzogen hat, damit wir glauben, dass wir nichts als Produkte eines evolutionären Zufalls sind. Die Bibel sagt uns aber in scharfem Kontrast, dass wir geschaffene Wesen sind, im Ebenbild Gottes gemacht, um Gottes Absichten zu dienen.

In 1. Mose 2,17 lesen wir, dass Gott den Staub von der Erde nahm, daraus einen Menschen formte und ihm den Atem des Lebens einhauchte. So wurde der Mensch ein lebendiges Wesen. Warum finden wir diese Erklärung eigentlich in der Bibel? Nun, zumindest einer der Gründe ist, uns zu sagen, dass wir mehr sind als nur materielle Wesen. Wir können daraus lernen, dass wir sowohl einen sichtbaren materiellen Teil haben, als auch einen unsichtbaren, geistlichen Teil. Der unsichtbare Teil unseres Wesens wird im Alten Testament mit Worten wie „Herz", „Seele" oder „Geist" umschrieben. Dort sind diese Worte oft austauschbar. Im Neuen Testament jedoch wird ein klarer Unterschied zwischen unserer Seele und unserem Geist gemacht. Paulus spricht davon, dass wir Leib, Seele und Geist sind (1. Thessalonicher 5,23), und der Schreiber des Hebräerbriefs sagt, dass das Wort Gottes in der Lage ist, Seele und Geist voneinander zu scheiden (Hebräer 4,12). Insgesamt können wir also sagen, dass wir geschaffene Wesen sind und das diese Schöpfung drei Dimensionen hat: Körper, Seele und Geist.

„(Gott) hat mich gebildet im Mutterleib."

Psalm 139,13

Dieser Wunder der Schöpfung, von dem wir im 1. Buch Mose lesen, wiederholt sich mit jedem neuen Kind, dass empfangen wird. Die körperlichen Eigenschaften werden dem Kind durch die Gene von Vater und Mutter vermittelt, aber jedes Kind ist mehr als nur ein körperliches Wesen. In den herrlichen Worten von Psalm 139 sagt David mit Überzeugung: *„(Gott) hat mich gebildet im Mutterleib."* (Vers 13 – Luther). Gott war daran beteiligt, Ihren Geist, Ihre Seele und Ihren Körper zu bilden, und diese zu dem einzigartigen menschlichen Wesen, das Sie sind, heranwachsen zu lassen.

- **Der Körper** ist der materielle Teil. Das sind Haut, Knochen, Muskeln, Sehnen, das Nervensystem, unsere Sinne und das Gehirn, eben alle körperlichen Organe, die aus Materie bestehen und sichtbar sind.

- **Die Seele** besteht aus dem Verstand, dem Willen und den Gefühlen.
  - Dabei ist *der Verstand* der Teil, mit dem wir denken, analysieren und die Informationen verarbeiten, die wir durch unsere Sinne und unseren Geist aufnehmen.

- *Der Wille* versetzt uns in die Lage, Entscheidungen zu treffen.
- *Die Gefühle* sind der Bereich, wo wir unsere inneren Empfindungen wahrnehmen und verarbeiten.

- **Der Geist** ist der innerste Bereich unseres Wesens. Er ist der Teil, der unsere Persönlichkeit ausmacht, wo Kreativität und Gewissen angelegt sind und durch den wir mit Gott in Verbindung treten. Er ist der Teil von uns, der unser ganzes Wesen erst lebendig macht, der ewig ist und niemals stirbt.

Unsere Gefühle

Unsere Gefühle sind die inneren Reaktionen oder Empfindungen, die durch unser Erleben (ganz gleich ob real oder eingebildet) in uns hervorgerufen werden. Sie bestimmen, wie wir uns selbst und unsere Umgebung wahrnehmen. Wir freuen uns an den positiven Empfindungen, die wir haben, wenn alles nach unseren Vorstellungen läuft. Und wir mögen die unangenehmen Empfindungen nicht, die entstehen, wenn etwas anders läuft, als wir uns das gewünscht hätten. Manchmal kann es sehr schwierig sein, unsere Gefühle mit Worten auszudrücken, besonders dann, wenn unsere Gefühle dazu sehr widersprüchlich sind.

Gott gab uns unter anderem deshalb Gefühle, weil er wollte, dass wir Freude am Leben haben. Wenn das, was wir tun, nicht mit Gefühlen verbunden wäre, hätten wir kaum einen Anreiz, das zu tun, was wir gerne tun. Unsere Gefühle können also ein motivierender Faktor in unserem Leben sein. Betroffenheit und Trauer über das Unglück anderer kann uns dazu bewegen, uns anderen zuzuwenden und ihnen zu helfen. Und Zorn über Ungerechtigkeit kann uns dazu bewegen, etwas gegen diese Ungerechtigkeit zu unternehmen.

Zorn über Ungerechtigkeit kann uns dazu bewegen, etwas gegen diese Ungerechtigkeit zu unternehmen.

Wir müssen sehen, dass es Gott war, der uns unsere Gefühle gegeben hat. Sie sind Teil unserer Persönlichkeit. Gott selbst hat Gefühle und wir sind nach seinem Bild geschaffen. So finden wir in der Bibel ein weites Spektrum der Gefühle Gottes. Er trauert, er liebt, er singt vor Freude – und er ist zornig. Ganz offensichtlich hatte auch Jesus Gefühle und brachte diese zum Ausdruck. Und als Christen befinden wir uns schließlich in dem Prozess, ihm immer ähnlicher zu werden. Auch wissen wir, dass der Heilige Geist Emotionen hat, denn die Bibel warnt uns, ihn nicht zu betrüben (Epheser 4,30).

Demzufolge sollten wir also in der Lage sein, eine Fülle verschiedener Emotionen zu erleben. Und wenn unser Gefühlsleben heil und in Ordnung ist, dann werden wir auf jede gegebene Situation auch mit angemessenen Gefühlen reagieren. Sie werden sich zum Beispiel einfach freuen, wenn sie etwas Gutes über einen entfernten Bekannten hören. Sie werden aber geradezu glücklich sein, wenn diese Person ihr Freund oder ihre Freundin ist; und sie werden vielleicht sogar vor Freude übersprudeln, wenn es sich um einen nahen Verwandten handelt. So fällt Ihre emotionale Reaktion den Umständen entsprechend unterschiedlich aus.

Wenn aber Ihre emotionale Reaktion auf ein Ereignis unangemessen ist, ist das ein Hinweis darauf, dass es womöglich etwas in Ihrem Inneren gibt, das noch geheilt werden muss. So mag zum Beispiel ein Ereignis, dass einen weitreichenden Einfluss auf Ihr Leben hat, kaum eine emotionale Reaktion bei Ihnen hervorrufen, während es passieren kann, dass Sie bei kleineren Ereignissen überreagieren. Reaktionen dieser Art zeigen, dass Ihre Emotionen nicht so arbeiten wie sie sollten. Sie sind ein Hinweis, dass Gott hier mit allergrößter Wahrscheinlichkeit heilend eingreifen muss.

Unsere Gefühle arbeiten nicht unabhängig vom Rest unserer Persönlichkeit, sondern werden von unseren Erinnerungen und Gedanken beeinflusst. Eine aktuelle Situation mag Erinnerungen an vergangene Erlebnisse in Ihnen hervorrufen, und dabei kommen auch die Gedanken und Gefühle, die mit dem vergangenen Ereignis verbunden waren, wieder an die Oberfläche. Nehmen wir einmal an, Ihr Kind sei in der Schule von seinen Freunden gehänselt worden. Zurecht sind Sie deswegen ärgerlich, aber das Maß Ihres Ärgers wird weit größer sein, wenn Sie selbst früher in der Schule von ihren Mitschülern drangsaliert worden sind.

Doch noch auf eine andere Weise werden unsere Gefühle von unserem Verstand und unseren Gedanken beeinflusst: Wir neigen dazu, die gegenwärtige Situation zu analysieren und daraus auf zukünftige Entwicklungen zu schließen. Erwarten wir auf dieser Grundlage eine positive Entwicklung, dann ist das mit angenehmen Gefühlen verbunden, wir fühlen uns glücklich, positiv erregt oder sind einfach froh. Wenn uns der Ausgang einer Sache aber unsicher erscheint oder wir gar eine negative Entwicklung erwarten, dann reagieren wir mit Furcht, Sorge oder Beunruhigung. Bittet Ihr Chef Sie zum Beispiel, für einen Moment in sein Büro zu kommen, dann rechnen Sie möglicherweise damit, dass er etwas Kritisches über Ihre Arbeit sagen möchte. Darauf reagieren Ihre Emotionen und Sie fühlen sich angespannt oder haben Angst, noch ehe Ihr Chef auch nur ein Wort über sein Anliegen verloren hat.

Die emotionale Reaktion, die wir empfinden, kommt oft durch andere Teile unserer Persönlichkeit zum Ausdruck.

Die emotionale Reaktion, die wir empfinden, kommt oft durch andere Teile unserer Persönlichkeit zum Ausdruck. Wenn wir glücklich sind, leuchten unsere Augen, wir lächeln oder sind voller Energie. Sind wir traurig und niedergeschlagen, dann sieht man auch das unserem Gesicht an. Wir haben vielleicht Tränen in den Augen oder fühlen uns kraftlos und leer. Wenn wir Angst haben, ist das womöglich mit körperlichen Schmerzen in Brust oder Kopf verbunden, wir atmen schneller oder unser Körper fängt an, unkontrolliert zu zucken. Ihr Körper spiegelt Ihre emotionale Verfassung wieder.

Als Folge veränderter Umstände können sich auch unsere Gefühle sehr schnell verändern. Gerade noch waren wir ruhig und entspannt, da ertönt der Feueralarm und von einem Augenblick zum anderen spüren wir Angst und Anspannung. Auch wenn wir gerade sehr niedergeschlagen sind, wird sich das augenblicklich ändern, wenn wir hören, dass ein lange verschollener Verwandter uns in seinem Testament eine größere Summe vermacht hat. Mit einem Schlag ändert sich die Stimmung und die Niedergeschlagenheit ist wie verflogen. Manchmal können sich unsere Gefühle wirklich von einem Augenblick zum anderen ändern.

Das Gefühl des Zorns

Auch Zorn gehört zu den Gefühlen, mit denen wir auf bestimmte Situationen reagieren. Es sind zumeist Situationen, in denen wir Widerwillen, Abneigung oder Widerstand gegenüber dem, was uns gerade widerfährt, verspüren. Eine Lexikondefinition lautet wie folgt: „Starker Unmut, der durch bestimmte Handlungen, Ereignisse oder Situationen hervorgerufen wird, oft verbunden mit Feindseligkeit und dem Wunsch nach Vergeltung".

Im Deutschen gibt es eine Vielzahl von Wörtern, mit denen wir verschiedene Abstufungen des Zorns ausdrücken können: verärgert, aufgebracht, genervt, außer sich, wütend, frustriert, erzürnt, erbost, grimmig, grollend, böse, aggressiv, feindselig, ärgerlich und zornig. Wie intensiv Zorn empfunden oder ausgedrückt wird, hängt dabei ganz von der jeweiligen Persönlichkeit ab. Etwas, das Sie vielleicht nur leicht verärgert, mag bei einem anderen Menschen einen heftigen Wutanfall auslösen.

Wie intensiv Zorn empfunden oder ausgedrückt wird, hängt ganz von der jeweiligen Persönlichkeit ab.

Weil die Worte „Zorn" und „Wut" so einen negativen Beigeschmack haben, versuchen viele Menschen, diese Worte zu vermeiden, wenn sie von ihren Gefühlen sprechen. Sie sagen dann lieber „ich bin verärgert“ oder „das ist frustrierend“, doch innerlich haben sie ganz stark mit wirklichem Zorn zu kämpfen, ob sie sich dessen nun bewusst sind oder nicht. Manche Menschen haben tatsächlich so sehr die Beziehung zu ihren eigenen Gefühlen verloren, dass sie selbst meinen, sie empfänden überhaupt keine emotionale Reaktion, auch wenn man aus ihrer Körperhaltung und ihren Worten sehr deutlich schließen kann, dass sie ausgesprochen wütend sind.

In dem Kapitel über Wut in seinem Buch „Harmonische Beziehungen“ schreibt Tom Marshall: „Ein Problem besteht darin, dass wir sprachlich nicht ohne Weiteres zwischen Wut als Gefühl und Wut als Verhalten unterscheiden können. Diese Unterscheidung spielt jedoch eine wichtige Rolle.“ (Marshall, Tom; Harmonische Beziehungen, Wuppertal, 1993)

Womöglich gelingt es uns wirklich nicht, zwischen Zorn als Gefühl und Zorn als Verhalten sorgfältig zu unterscheiden. Vielleicht sind wir der Ansicht, dass nur das aus dem Gefühl folgende Verhalten Zorn genannt werden kann. Mit anderen Worten, wir geben nur dann zu, dass wir zornig sind, wenn wir in irgendeiner Weise gewalttätig gegen unbelebte Objekte oder andere Menschen geworden sind.

Ich behaupte vielleicht „Ich war gar nicht zornig“, während ich damit eigentlich nur sage, dass ich nicht die Tür zugeschlagen, vor die Wand getreten oder etwas nach der Person geworfen habe, auf die ich zornig war. Die Wahrheit ist doch, dass ich sehr wohl zornig war, auch wenn ich diesem Gefühl nicht mit Taten Ausdruck gegeben habe. Es ist jedoch in jedem Fall besser, zu unseren Gefühlen zu stehen, auch wenn wir diese Gefühle nicht mögen oder gutheißen. Nur wenn wir zu unseren Gefühlen stehen, können wir auch lernen, mit ihnen umzugehen und darauf so zu reagieren, wie es Gott gefällt.

Einer der Schlüssel, mit Zorn richtig umzugehen ist, den Unterschied zwischen Gefühlen des Zorns einerseits und zornigem Verhalten andererseits zu verstehen. Denn Zorn als Gefühl kann durchaus gerechtfertigt sein. So müssen wir entscheiden, ob unsere jeweiligen zornigen Gefühle gerechtfertigt sind und dann auch die Verantwortung für das Verhalten, das aus diesen Gefühlen resultiert, übernehmen.

Gerechtfertigter und ungerechtfertigter Zorn

Weil Zorn so oft mit einem Verhalten verbunden ist, dass nicht Gottes Charakter entspricht, haben viele Christen die Haltung entwickelt, dass jede Art von Zorn irgendwie falsch oder sündhaft ist. Eine Mangel an Lehre zu diesem Thema mag dazu beigetragen haben, diese Annahme noch zu verstärken. Daher leugnen oder unterdrücken viele Menschen ihren Zorn einfach. Andere wissen zwar, dass sie zornig sind, fühlen sich aber schuldig und erlauben es dem Feind, sie deswegen anzuklagen.

Zorn ist nicht immer falsch.

Dieser Haltung liegt die Annahme zugrunde, dass Gott jede Form von Zorn ablehnt und Zorn immer ungerechtfertigt ist. Da wir unsere Gefühle jedoch von Gott haben und auch Gott unter bestimmten Umständen Zorn empfindet, liegt auf der Hand, dass die Annahme, Gott würde Zorn grundsätzlich nicht gutheißen, nicht zutreffen kann. **Zorn ist nicht immer falsch.** Im Gegenteil: Wenn wir in bestimmten Situationen nicht zornig werden, stimmt etwas mit uns nicht.

Hier sind einige wichtige Fragen, die man sich stellen sollte, wenn man zornig wird:

- Ist es in Ordnung, wenn ich wegen dieser Sache zornig werde?
- Ist mein Zorn gerechtfertigt?
- Habe ich irgendwie ein verzerrtes Bild der Situation?
- Beeinflussen Erlebnisse aus meiner Vergangenheit meine Gefühle hinsichtlich der momentanen Situation?

Der wahre Test, ob unsere zornigen Gefühle gerechtfertigt sind, ist jedoch, ob Gott unseren Zorn teilt. Wenn gegen uns gesündigt wurde, dann ist Gott ganz klar zornig über diese Sünde. Wenn wir dann zornig werden, sind diese zornigen Gefühle sicherlich gerechtfertigt. Wie oft haben wir schon Menschen erklären müssen, dass Gott selbst darüber zornig ist, dass sie von anderen Menschen missbraucht oder kontrolliert wurden.

Wenn wir aber andererseits zornig werden, weil jemand nicht so reagiert hat, wie wir uns das vorgestellt haben, dann ist dieser Zorn höchstwahrscheinlich nicht gerechtfertigt. Wenn wir auf die Politesse wütend sind, die nur ihre Arbeit macht, oder auf den Polizisten, der uns erwischt hat, als wir zu schnell gefahren sind, dann ist unser Ärger mit ziemlicher Sicherheit nicht gerechtfertigt.

Sie war wütend auf Gott, weil er das zugelassen hatte.

Oft ist unser Zorn aber auch eine Mischung aus gerechtfertigten und nicht gerechtfertigten Gefühlen. Katie war als Kind missbraucht worden und voller Zorn darüber. Und sie hatte vollkommen Recht, bei all dem, was ihr angetan worden war, zornig zu sein. Sie war zu Recht zornig, dass ihre Mutter ihr nicht geglaubt hatte, als sie ihr erzählte, was ihr Stiefvater ihr antat. Doch teilweise richtete sich ihr Zorn auch gegen Gott. Sie war wütend auf Gott, weil er das zugelassen hatte, und gab somit ihm eine Mitschuld an dem, was sie erlebt hatte. Statt gerechterweise auf Satan zornig zu sein, wandte sich ihr Zorn gegen Gott, und das war nicht gerechtfertigt.

Wir sollten auch nicht vergessen, dass es passieren kann, dass wir in gerechter Weise zornig sind, dann daraus aber ungerechte Handlungen ableiten. Joyce hatte wegen ihrer schlimmen Erlebnisse allen Grund, zornig zu sein. Dies aber durch Wutanfälle in der Hausgruppe oder durch Zerstören der Blumenarrangements in der Gemeinde zum Ausdruck zu bringen, war offensichtlich eine Sünde. Auch gerechter Zorn rechtfertigt kein ungerechtes Verhalten. Die Bibel sagt: „*Zürnet, und sündigt dabei nicht.*" (Epheser 4,26)

Ein Mann erzählte uns, dass er in einem Konflikt mit einem Arbeitskollegen einmal vor Wut einen Stuhl zertrümmert hat. Während wir uns eingehend über den Vorfall unterhielten, wurde deutlich, dass sein Zorn womöglich gerechtfertigt war. Die Handlungen, die darauf folgten, waren es aber nicht. Er hatte zunächst große Mühe, das zu akzeptieren. Auf die Person, auf die er damals zornig war, hatte sein Zornausbruch nämlich einen derartigen Eindruck gemacht, dass sie daraufhin tatsächlich ihr Verhalten änderte. Doch auch wenn das Ergebnis letztendlich wunschgemäß war, so wurde es eben doch mit Methoden erreicht, die Gott nicht gutheißt; und so kam er schließlich an den Punkt, dieses Verhalten als Sünde zu bekennen und davon umzukehren.

Unsere Gefühle können demnach also gerecht oder ungerecht sein, und das Verhalten, das aus unseren Gefühlen folgt, kann ebenfalls gerecht oder ungerecht sein. Im nächsten Kapitel schauen wir uns nun einige Gründe an, warum wir zornig werden können.

Kapitel 3

Warum bin ich so zornig?

Wo kommt dieses mächtige Gefühl des Zorns eigentlich her? Was muss mir persönlich oder in meiner Umwelt geschehen, damit diese zornigen Gefühle, die jede andere Emotion beiseite schieben, in mir entstehen? In diesem Kapitel wollen wir einige der Wurzel des Zorns untersuchen. Während wir diese Ursachen für Zorn durchgehen, empfehle ich Ihnen, sich jeweils die folgenden Fragen zu stellen:

- Ist mir so etwas schon einmal passiert?
- Wenn ja, machte mich das wütend?
- Wie habe ich reagiert?

Ungerechtigkeit

Jeder von uns hat einen inneren Sinn für Gerechtigkeit. Es scheint, als ob wir instinktiv spüren, wenn etwas Unfaires oder Ungerechtes geschehen ist. Und oft reagieren wir auf Ungerechtigkeit mit Zorn.

In 2. Samuel 12 lesen wir, wie der Prophet Nathan David mit seiner Sünde konfrontiert. Dazu bedient er sich einer Geschichte, in der ein wohlhabender Mann eine Mahlzeit für einen Gast zubereiten will. Statt aber die Zutaten dazu aus seinem eigenen Überfluss zu nehmen, nimmt er das einzige Lamm eines armen Mannes und schlachtet es. Die Ungerechtigkeit dieses reichen Mannes entfacht

Davids Zorn, und so kann Nathan fortfahren und David zeigen, dass er selbst sich nicht anders verhalten hat.

> *„Da entbrannte der Zorn Davids sehr gegen den Mann, und er sagte zu Nathan: So wahr der Herr lebt, der Mann, der das getan hat, ist ein Sohn des Todes.“*
>
> (2. Samuel 12,5)

Es ist ganz natürlich, dass wir über Ungerechtigkeiten, die uns widerfahren, zornig werden. Vielleicht denken Sie jetzt an Gelegenheiten, bei denen Sie zu Unrecht beschuldigt worden sind. Womöglich hat jemand Lügen über Sie verbreitet. Vielleicht wurden Sie unfair behandelt. Ihre Brüder und Schwestern wurden bevorzugt. Sie bekamen immer mehr als Sie oder wurden besser behandelt.

Wie ist es, wenn wir bestraft werden? Wenn uns zu Unrecht disziplinarische Maßnahmen oder Strafen auferlegt werden, dann fühlen wir ganz tief im Innersten, dass das nicht gerecht ist und wir werden zornig. Das Gleiche gilt, wenn wir betrogen oder getäuscht worden sind. Vielleicht hat Sie jemand um ein Erbe betrogen, dass Ihnen zustand, oder jemand hat Ihnen gegenüber nicht Wort gehalten. George erzählte uns, dass er einen Lehrer hatte, der jedem Kind, dass sich gut benahm, am Ende des Schultages eine Süßigkeit versprach. Und er hatte sich wirklich den ganzen Tag von seiner besten Seite gezeigt. Darum war er ausgesprochen wütend, als der Lehrer bei Schulschluss erklärte, dass niemand eine Süßigkeit verdient hätte.

Aber auch Ungerechtigkeiten, die anderen angetan werden, können uns wütend machen. Wenn anderen etwas widerfährt, das wir selbst nicht erleben möchten, dann kann das durchaus eine Reaktion bei uns hervorrufen. Wie reagieren Sie zum Beispiel auf Ungerechtigkeiten gegenüber Ihren eigenen Kindern? Oder wenn Sie von Kindern hören, die ausgebeutet und missbraucht werden? Dann steigt doch ganz natürlich Zorn in uns auf. Oder wenn wir in der Zeitung lesen, dass Menschen in Krankenhäusern oder

Altenheimen vernachlässigt werden und unter menschenunwürdigen Bedingungen leben müssen, dann macht uns das doch wütend. Oder wenn wir im Fernsehen Bilder der ausgemergelten Opfer der durch Stammesfehden hervorgerufenen Hungerkatastrophe sehen, dann verspüren auch wir etwas von der Ungerechtigkeit der Situation.

In ähnlicher Weise sind wir aufgebracht oder wütend, wenn wir von Tierquälerei lesen. Und auch die rücksichtslose Ausbeutung oder Schädigung der Umwelt kann uns zum Zorn reizen. Nun denken Sie einmal für einen Moment an die Situationen, in denen Sie das Opfer ungerechter Entscheidungen wurden. Wie fühlten Sie sich und wie haben Sie darauf reagiert?

Treuebruch

Sind Sie jemals hintergangen worden? Treuebruch verursacht oft starke Gefühle des Zorns. Es schmerzt einfach, wenn jemand, in den Sie Ihr Vertrauen gesetzt haben, dieses Vertrauen missbraucht. Treuebruch kann dabei viele verschiedene Gesichter haben. Es kann zum Beispiel sein, dass Sie jemand etwas im Vertrauen erzählt haben, um dann später festzustellen, dass Ihr Geheimnis kurz darauf als der neueste Klatsch verbreitet wurde. Und wie tief ist der Schmerz, wenn Sie entdecken, dass Ihr Freund oder Verlobter Sie betrügt oder dass Ihr Ehepartner eine Affäre hat.

Treuebruch ist fast immer von Zorn begleitet. Zorn auf denjenigen, der Sie hintergeht. Aber auch auf jeden Dritten, der mit der Sache zu tun hat. Und wahrscheinlich sind Sie auch wütend auf sich selbst: „Wie konnte ich nur so dumm sein, das geschehen zu lassen?“

> *„...empfanden sie das als Beleidigung und wurden sehr zornig; eine Schandtat hatte Sichem an Israel begangen...“*
> (1. Mose 34,7 – Einheitsübersetzung)

Auch für diese Art von Zorn gibt es ein Beispiel in der Bibel. In 1. Mose 34 lesen wir, wie Sichem Dinah, der Tochter Jakobs, Gewalt antat, nachdem Jakob sich in dem Land niedergelassen hatte, das er von Sichems Vater gekauft hatte. Darauf wurden die Söhne Jakobs sehr zornig, denn sie empfanden, dass Sichem das Vertrauen, das sie ihm entgegengebracht hatten, missbraucht hatte. In ihrem überschäumenden Zorn nahmen sie Rache und brachten Sichem, seinen Vater und alle Männer seiner Stadt um.

Auch die meisten Arten von körperlichem, emotionellem, geistlichem und sexuellem Missbrauch sind eine Form von Treuebruch. Unsere ganze Persönlichkeit wird dabei verletzt, und das in der Regel noch durch Menschen, die Autorität über uns haben. In unserem Geist wissen wir, dass das Unrecht ist und nie geschehen dürfte. Darum werden wir zornig, wenn es dennoch geschieht. Gleichzeitig kann auch Zorn gegen die aufkommen, die uns hätten schützen sollen. Oder Zorn gegenüber den Menschen, die uns nicht geglaubt haben, als wir ihnen erzählten, was uns angetan wurde. So erging es dem jungen Mädchen, das versuchte, seiner Mutter zu erzählen, was geschehen war, als sie mit ihrem Stiefvater alleine war und dann nur zu hören bekam: „Du böses Kind, wie kannst du es wagen, so etwas zu behaupten?“ Das war ein klarer Treuebruch durch jemand, der sie eigentlich hätte schützen sollen.

Wo immer Missbrauch geschehen ist, besteht von da an normalerweise auch ein verzerrtes Bild von Gott, und so richtet sich der Zorn dann oft auch gegen ihn. Der Feind wird immer versuchen, unser Vertrauen in Gott auszuhöhlen, indem er uns mit Fragen wie diesen bedrängt: „Warum hat er das zugelassen?“, „Warum hat er nichts dagegen unternommen?“, „Warum musste mir das passieren?“

Und schließlich kann es auch sein, dass wir zornig auf uns selber werden, weil wir den Missbrauch so lange zugelassen haben. Missbrauchte Kinder versuchen, den Missbrauch auch mit ihrem Verstand zu verarbeiten und kommen oft zu dem Schluss, dass es wohl ihre eigene Schuld gewesen sein muss – sie hätten einfach etwas dagegen unternehmen müssen. Diese falschen Schuldgefühle und der Zorn auf sich selbst können sich dann zum Beispiel in selbstverletzendem Verhalten äußern.

Trotz all des Schadens, der durch Missbrauch angerichtet wird, ist Gott doch auch hier in der Lage zu heilen. Am Ende eines Heilungsseminars in Ellel Grange gab Sylvia das folgende Zeugnis:

> *„Den größten Teil meines Lebens wurde ich von Angst und Zorn beherrscht und war nicht in der Lage, mit anderen Menschen normal umzugehen. Ununterbrochen hatte ich zu kämpfen mit Zorn, Selbstmitleid, Ablehnung und einer Unfähigkeit, Gott wirklich zu begegnen. Als ich hierher kam, war ich voller Sorge, innerlich gebunden und zornig. Doch gleich vom ersten Abend an begann Gott an mir zu wirken. Obwohl der ganze Prozess sehr schwierig und extrem schmerzhaft für mich war, fühlte ich mich nicht einen Moment bedrängt oder abgelehnt. Darum war ich dann auch fähig zuzulassen, dass Gott Erinnerungen an sexuellen Missbrauch, die ich mein ganzes Leben lang unterdrückt hatte, wieder hervorholte. Sie kamen ans Licht, Gott nahm sich ihrer an und ich wurde geheilt."*

Vielleicht möchten Sie an dieser Stelle einmal darüber nachdenken, wo auch Sie in ihrem Leben schon betrogen worden sind und Menschen Ihnen gegenüber die Treue gebrochen haben.

Versagen

Auch Versagen ist oft eine Ursache für Zorn. Vielleicht haben andere unsere Erwartungen nicht erfüllt. Ihre Unfähigkeit oder mangelnde Bereitschaft, sich so zu verhalten, wie wir uns das gewünscht hätten, kann uns nachtragend, bitter und zornig machen. Wenn wir unrealistische Erwartungen an andere haben, dann wird auch unser enttäuschter Zorn nicht gerechtfertigt sein.

„Da wurde Naaman zornig und ging weg. Und er sagte: Siehe, ich hatte mir gesagt: Er wird nach draußen zu mir herauskommen und hintreten und den Namen des HERRN, seines Gottes, anrufen und wird seine Hand über die Stelle schwingen und so den Aussätzigen vom Aussatz befreien."
(2. Könige 5,11)

Als Naaman Heilung für seinen Aussatz suchte, verhielt Elisa sich nicht so, wie Naaman es von ihm erwartet hätte. Sie können diese Geschichte in 2. Könige 5 nachlesen. Statt hinauszugehen und diesen wichtigen Würdenträger persönlich zu treffen, sandte Elisa nur einen Diener mit der Botschaft, dass Naaman hingehen und sich im Jordan waschen sollte. Darauf reagierte Naaman ausgesprochen empört. Er war außer sich, dass Elisa ihn nicht mit dem Respekt behandelt hatte, der ihm seiner Ansicht nach zustand.

Auch wir können unter Umständen zornig werden, weil andere uns nicht so behandeln, wie wir uns das wünschen. Wir sind verstimmt, weil der Pastor uns nicht besucht hat, als wir krank waren, oder weil er sich bei einer anderen Gelegenheit nicht so verhalten hat, wie wir das wollten. Wir werden wütend auf den Arzt, der uns warten lässt und zuerst einen anderen Patienten behandelt. Wir werden ungehalten mit unserem Ehepartner, weil dieser nicht den unrealistischen Vorstellungen entspricht, die wir uns von ihm gemacht haben. Vielleicht heiratet eine Frau den Mann ihrer Träume, um dann festzustellen, dass sie zwar beide müde von der Arbeit kommen, er aber sich nicht an der Hausarbeit beteiligt. Sie entdeckt seinen ärgerlichen Hang zur Unordnung, die sie dann wieder beseitigen muss. Seine Selbstbezogenheit macht sie wütend. Oder ein Mann findet genau „die Richtige", um dann festzustellen, dass sie hinter seinem Rücken das Geld für Dinge ausgibt, die sie weder brauchen noch sich leisten können. Dass sie sich in diesem Punkt nicht seinen Erwartungen entsprechend verhält, mag dazu führen, dass er ihr grollt und zornig wird.

Manchmal entsprechen wir auch nicht den Erwartungen, die wir an uns selber haben. Wir sind von uns selbst enttäuscht, dass wir uns einem anderen Menschen gegenüber nicht so verhalten haben, wie wir das für richtig gehalten hätten. Und aus Angst, sonst abgelehnt zu werden, legen wir oft einen unerreichbar hohen Maßstab an unsere eigenen Leistungen an. Wir erwarten dann von uns selbst mehr als wir von anderen erwarten würden. Indem wir danach streben, diesen hohen Standard zu erfüllen, hoffen wir, von anderen stärker akzeptiert zu werden, und wenn wir es nicht schaffen, werden wir wütend auf uns selbst.

Wenn wir versagen, kann das dazu führen, dass wir uns dafür selber ablehnen. Womöglich denken wir sogar, dass wir Strafe verdient haben, und in einigen Fällen geht das so weit, dass Menschen anfangen, sich selbst zu verletzen. In extremen Fällen kann das sogar zu Selbstmordgedanken führen oder zu konkreten Versuchen, sich das Leben zu nehmen. Solche Gedanken und Handlungen sind in letzter Instanz ein Ausdruck davon, dass wir auf uns selber zornig sind.

Manchmal liegt die Wurzel für unseren Zorn auch darin, dass Gott nicht so handelt, wie wir uns das wünschen. Viele Menschen, die in den Jahren zu uns kamen, haben erkannt, dass sie tief im Inneren einen Groll gegen Gott hegten. In ihrem Herzen denken sie vielleicht: „Gott ist doch souverän und er hätte etwas tun können", oder „Wenn Gott sich wirklich für mich interessiert, warum bin ich dann immer noch allein?", oder „Wo warst du, Gott, als ich missbraucht wurde?"

Wir verlieren so leicht aus den Augen, dass wir uns auf einem geistlichen Schlachtfeld befinden. Wir vergessen, dass es einen Feind unserer Seelen gibt, der sich an den schlechten Dingen, die uns zustoßen, freut. Wir vergessen auch, dass jeder Mensch einen freien Willen bekommen hat, und dass Gott diesen freien Willen nicht einfach außer Kraft setzt, selbst dann nicht, wenn er dazu eingesetzt wird, andere zu verletzen und ihnen zu schaden. Wie leicht vergessen wir, dass Gott am Kreuz längst gezeigt hat, wie sehr er uns liebt und wie sehr er an uns interessiert ist. Wenn wir all das aus den Augen verlieren, dann besteht die Gefahr, dass wir in unseren Herzen bitter und zornig auf Gott werden.

Wann hat Versagen Sie zuletzt wütend gemacht? Das Versagen anderer Menschen vielleicht? Oder Ihr eigenes Versagen? Und wie haben Sie darauf reagiert?

Angriffe auf unsere persönlichen Werte

Jeder Mensch hat ein System persönlicher Überzeugungen und Werte. Dieses entwickelt sich durch den Einfluss anderer Menschen, durch Umweltfaktoren und individuelle Lebenserfahrungen. Darum finden wir es oft so schwierig zu verstehen, dass ein anderer Mensch Werte hat, die sich grundlegend von unseren Eigenen unterscheiden. In einem Anflug von Arroganz gehen wir einfach davon aus, dass jeder Mensch die gleichen Ansichten und Überzeugungen teilen sollte wie wir. Wir sind im Recht – zumindest reden wir uns das ein – und wir beten, dass Gott anderen Menschen die gleiche Offenbarung gibt.

> *„Seine Jünger gedachten daran, dass geschrieben steht: ‚Der Eifer um dein Haus verzehrt mich.'"*
>
> (Johannes 2,17)

Wenn andere uns widersprechen oder Dinge nicht so bewerten wie wir, dann kann uns das wütend machen. Das kann zum Beispiel geschehen, wenn wir eine Fernsendung sehen, in der atheistische oder weltliche Auffassungen über Evolution und Schöpfung vertreten werden. Das kann aber genauso ein so genannter „christlicher Theologe" sein, der verführerische Irrlehren über Jesus verbreitet.

Vielleicht kennen wir auch Menschen, die schon wütend und aufgebracht werden, wenn man nur etwas gegen ihre Fußballmannschaft sagt, oder ihnen widerspricht, wenn sie behaupten, dass ihre politische Partei die einzige ist, die das Land ordentlich regieren kann.

Jeder, der schon einmal bei einer Gemeindeversammlung war,

weiß, wie nachdrücklich manche Menschen ihre Auffassung vertreten können – welche Lieder in der Gemeinde gesungen oder in welcher Weise das Abendmahl ausgeteilt werden sollte. Diskussionen über solche Fragen können zu sehr zornigen Reaktionen einiger Geschwister führen, die versuchen, ihre eigene Sichtweise den anderen aufzudrängen. Auch der Vikar in Kapitel 1, der zornig wurde, weil jemand aus seiner Gemeinde sich als Erwachsener durch Untertauchen taufen lassen wollte, sah darin offensichtlich einen Angriff auf seine persönlichen Werte.

Wenn wir aus diesen Gründen zornig werden, dann sollten wir uns erst einmal etwas Zeit nehmen, in Ruhe darüber nachzudenken. Stellen Sie sich die Frage: Ist Gott selbst zornig darüber? Ist dies eine Überzeugung, die mir so wichtig ist, dass ich dafür sterben würde? Wir sollten immer versuchen, eine Sache auch aus der Perspektive des Anderen zu sehen und uns vor Augen halten, dass auch Andere tief gehende Überzeugungen und Werte haben, auch wenn diese nicht mit unseren übereinstimmen.

Vielleicht denken Sie einmal darüber nach, wo Sie wütend geworden sind, weil andere nicht Ihre Werte und Überzeugungen teilten. Stellen Sie sich auch die Frage, warum diese Überzeugungen so stark in Ihnen sind und ob es Überzeugungen und Werte sind, die Gott mit Ihnen teilt.

Frustration

Frustration ist einer der wichtigsten Auslöser für Zorngefühle und Handlungen, die aus Zorn geboren sind. Jeder von uns ist in gewisser Weise frustriert, wenn irgendetwas oder irgendjemand verhindert, dass wir unsere Ziele erreichen. Wir fragen uns dann manchmal: „Warum können die anderen denn nicht einsehen, wie wichtig das ist, was ich hier zu erreichen versuche?“

Wir werden zum Beispiel wütend, weil andere nicht mit uns zusammenarbeiten wollen, und unterstellen eventuell sogar, dass sie uns vorsätzlich behindern. Es gibt Menschen, die bei jedem

Papierstau im Kopierer wütend werden, oder die darin einen geistlichen Angriff sehen und gleich dem Teufel die Schuld geben. Und sogar Gott bleibt unter Umständen von unserer Wut nicht verschont, wenn wir ihm vorwerfen, dass er nicht mit einem Wunder eingreift, damit wir unsere Ziele schneller und möglichst unbehindert erreichen können.

Wenn Sie ein Tatmensch sind und eher aufgabenorientiert handeln, werden Sie vielleicht unruhig und sind irritiert, wenn die Aufgabe, mit der Sie sich gerade beschäftigen, nicht voran geht. Sie sagen zu sich selbst: „Warum stehe gerade ich im Supermarkt immer an der Kasse, an der es nur im Schneckentempo vorangeht?", oder „Warum fährt ausgerechnet vor mir immer die Karre, die gerade wenden will, während rechts der ganze Verkehr an mir vorbei rauscht?"

> *„Da ging Ahab in sein Haus, missmutig und wütend über das Wort, das der Jesreeliter Nabot zu ihm geredet hatte... Und er legte sich auf sein Bett und wandte sein Gesicht ab und aß nichts."*
>
> (1. Könige 21,4)

In 1. Könige 21 lesen wir von König Ahab, der frustriert und wütend wurde, weil er sein Ziel nicht erreichte. Als klar war, dass er Nabots Weinberg nicht kaufen konnte, legte er sich einfach auf sein Bett und schmollte. Schließlich hat seine Frau Isebel Nabot dann ermorden lassen, damit Ahab doch noch seinen Willen bekam.

Es kann so leicht passieren, dass Frustration und Ungeduld uns zu ungerechten Gedanken und ungerechten Taten verleiten. Zum Beispiel treten und schlagen wir vor den Getränkeautomaten, der zwar unsere Münze geschluckt hat, sich aber weigert, das bezahlte Getränk auch herauszugeben.

Wie stark wir Frustration empfinden, hängt zum einen stark davon ab, wie wichtig wir das verfolgte Ziel finden, und zum anderen bis zu einem gewissen Grad auch von unserem Persönlichkeitstyp. Aufgabenorientierte Menschen werden in der Regel schneller ungeduldig und sollten sich darüber klar werden, wie leicht Gefühle der Frustration in ihnen hochkommen und sie zu einem Verhalten verleiten, das nicht Gottes Charakter entspricht.

Wenn Sie aufgabenorientiert sind und sich sehr stark darauf konzentrieren, eine bestimmte Aufgabe zu erfüllen, dann können Dinge, die andere in einer vergleichbaren Situation kaum berühren würden, für Sie äußerst frustrierend werden. Natürlich hängt die Intensität dieses Gefühls auch davon ab, wie lange die Situation, die uns behindert, andauert. Am Beispiel eines kleinen Problems heißt das: je länger Sie im Stau stehen, desto frustrierter und wütender werden Sie wahrscheinlich werden.

Wenn unseren langfristigen Zielen im Leben – nehmen wir zum Beispiel, den Wunsch zu heiraten oder ein Kind zu bekommen – etwas im Wege steht, dann erleben wir das oft als ganz besonders frustrierend. Die Gefahr bei solchen Frustrationen besteht dann darin, dass wir Groll und Bitterkeit gegen andere Menschen oder gegen Gott entwickeln. Wenn wir mit solchen langfristigen Frustrationen zu kämpfen haben, dann müssen wir versuchen, unsere Wünsche und Ziele an Gott abzugeben und sie nicht mehr zum Fokus unserer Lebensplanung zu machen.

Fragen Sie sich einmal selbst, ob Sie vielleicht eine geringe Frustrationstoleranz haben, wenn Ihren Zielen etwas im Wege steht. Stellen Sie bei sich selbst vielleicht fest, dass Sie sich gegen andere Menschen wenden oder sogar Gott gegenüber bitter werden, wenn Sie stark frustriert sind?

Ablehnung

Ein weiterer, sehr häufiger Grund für Zorn ist Ablehnung. Gott hat uns dazu geschaffen, in Beziehungen zu leben und jeder von uns hat ein angeborenes Bedürfnis, als Mensch akzeptiert und wertgeschätzt zu werden. Diese Wertschätzung sollte sich dabei immer auf das gründen, was wir sind, und nicht allein auf das, was wir tun. Wird dieses Bedürfnis nach Annahme und Anerkennung nicht erfüllt, dann verletzt uns das und tut weh. Und oft werden wir dann auch zornig darüber.

Es ist auch ganz natürlich, dass wir Zorn empfinden, wenn wir als Mensch nicht wertgeachtet werden. Wenn Eltern darauf bestehen, dass die Wohnung immer tadellos aufgeräumt sein soll und den Kindern deshalb das Spielen verbieten – denn sie könnten ja etwas in Unordnung bringen – dann enthält das für die Kinder die Botschaft, dass eine aufgeräumte Wohnung wichtiger ist als sie selbst.

Wenn ein Ehemann seine schmutzige Kleidung überall herumliegen lässt und es seiner Frau überlässt, sie wegzuräumen, dann wird die Frau das Gefühl bekommen, dass ihre Arbeit nicht ausreichend geschätzt und für selbstverständlich gehalten wird. Und das kann sie durchaus wütend machen. Wenn Sie an Ihrer Arbeitsstelle bei einer Beförderung übergangen werden, dann kann das ebenfalls Zorn in Ihnen bewirken. Das wird umso mehr der Fall sein, wenn Sie das Gefühl haben, dass der Job jemandem gegeben wurde, der weniger dafür qualifiziert ist als Sie selbst.

Genauso verhält es sich, wenn Sie ständig kritisiert und heruntergemacht werden, und das, was Sie tun, nie Bestätigung findet. Sie werden dann irgendwann zornig, denn Kritik in dieser Form ist auch eine Art von Ablehnung. Geschieht das noch dazu in Gegenwart anderer, fühlt man sich zusätzlich gedemütigt und beschämt. Dadurch kann der Zorn noch größer werden, denn Ihre Schwächen und Ihr moralisches Versagen sind plötzlich öffentlich gemacht worden.

Wenn wir abgelehnt werden, dann steigen viele Gefühle in uns auf. Möglicherweise auch Scham, Verwirrung und Zorn.

Wenn wir uns abgelehnt fühlen, dann steigen eine Vielzahl von Gefühlen in uns auf. Zunächst empfinden wir Schmerz und Traurigkeit. Hinzu kann ein Gefühl von Einsamkeit und Verzweiflung kommen, und oft eben auch Verwirrung und Zorn. Die gute Nachricht ist, dass Jesus in unserer Leben eingreifen und diese Gefühle heilen kann. Petra schrieb uns dazu Folgendes:

„Mein Gott war so gut und lieb zu mir. Er hat mich das ganze Wochenende in seinen Armen gehalten. Meine Eltern haben sich scheiden lassen, als ich dreizehn war. Dadurch haben sich tiefe Gefühle von Ablehnung, Schmerz, Zorn, Verwirrung und auch Selbstablehnung in mir festgesetzt. Gott hat mir nun seine tiefe, unerschütterliche Liebe gezeigt und diese Last von mir genommen."

Nicht verheilte Verletzungen

Der Zorn, den wir in einer bestimmten Situation empfinden, hat seine Wurzeln oft irgendwo in der Vergangenheit. Ein aktuelles Ereignis kann dann die Verletzungen, den Schmerz und den Zorn, den wir lange Zeit unterdrückt hatten, wieder zum Vorschein kommen lassen. Wir haben schon gesehen, wie Ablehnung oder das Versagen anderer Menschen Zorn in uns hervorrufen kann. Und wenn diese Ablehnung bereits in der Kindheit geschehen ist, dann werden wir höchstwahrscheinlich gar keine Gelegenheit gehabt haben, den Zorn, den wir damals fühlten, angemessen zu verarbeiten.

Dieser schon lange zurückliegende Zorn kann zum Beispiel darauf zurückzuführen sein, dass niemand uns vor den Drangsalierungen und den Hänseleien unserer Klassenkameraden geschützt hat. Oder der Zorn richtig sich gegen die Eltern, die uns nicht ausreichend geschützt haben, so dass es dazu kommen konnte, dass wir missbraucht wurden. Es kann aber zum Beispiel auch ein Zorn von der Art sein, wie Mary ihn empfand, als sie sich entscheiden sollte, bei welchem Elternteil sie leben wollte, während sie doch beide lieb hatte und gar nicht wollte, dass sie sich scheiden ließen.

Verhaltensmuster

Zorn kann sogar ein fester Bestandteil unserer Verhaltensmuster werden. Vielleicht ist uns niemals beigebracht worden, wie wir mit unseren Gefühlen umgehen können, oder wir haben entdeckt, dass es sehr nützlich sein kann, wütend zu werden, damit andere unsere Bedürfnisse erfüllen. In Folge einer ungeschickten Erziehung haben wir vielleicht gelernt, dass ein kleiner Wutausbruch uns dazu verhelfen kann, das zu bekommen, was wir wollen. Oder wir kopieren einfach die Art und Weise, wie unsere Eltern einander mit ihren Zornausbrüchen manipuliert haben.

Wir sollten vorsichtig sein, dass wir nicht versuchen, diesen falschen Gebrauch unserer Gefühle auch noch zu rechtfertigen, indem wir jede Verantwortung dafür ablehnen und sie einfach als Teil unserer Persönlichkeit bezeichnen. Stattdessen sollten wir lieber Gott bitten, uns andere Verhaltensmuster zu lehren. Es gibt Menschen, die haben gelernt, ihren Zorn als Abwehrmechanismus einzusetzen, damit andere Menschen nicht zu nah an die Bereiche in ihnen herankommen, die verletzt sind und weh tun. Ihre Neigung zum Zorn ist dann eine ständige Warnung an andere, ihnen nicht zu nahe zu kommen.

„Aber Usija wurde wütend."

Ein solches Verhalten sehen wir bei König Usija in 2. Chronik 26,16-19. Er wurde stolz und ging eigenmächtig in den Tempel, um dort auf dem Räucheraltar zu räuchern. Das war gegen das Gesetz, nach dem nur die Nachkommen Aarons diese Aufgabe ausführen durften. Als die Priester Usija deswegen zur Rede stellten, wurde er wütend. Dabei benutzte er seinen Zorn, um der Konfrontation aus dem Weg zu gehen.

Fragen Sie sich einmal selbst:

- Finde ich dieses Verhaltensmuster auch bei mir?
- Setze ich meinen Zorn ein, um andere zu kontrollieren und so meinen Willen zu bekommen?

Das waren nur einige der Gründe, die uns dazu bewegen können, zornig zu werden. Im nächsten Kapitel wollen wir sehen, was Gottes Wort über Zorn zu sagen hat. Sie werden vielleicht überrascht sein.

Kapitel 4

Was sagt die Bibel über Zorn?

Haben Sie schon einmal daran gedacht, dass auch Gott Gefühle hat? Hatten Sie dabei vielleicht den Eindruck, dass Gottes Liebe mit Zorn nicht vereinbar ist? Das ist sie aber sehr wohl. Wir sind nach dem Bild Gottes gemacht und er hat Gefühle wie wir. Was aber macht ihn zornig?

Der Zorn Gottes – als Emotion

Den Zorn Gottes kann man als die gefühlsmäßige Reaktion Gottes bezeichnen, wenn seine Anweisungen missachtet oder wenn seine Heiligkeit oder Gerechtigkeit in Frage gestellt werden. Wir sehen zum Beispiel, dass Gottes Zorn durch Götzendienst entfacht wird. An Stellen wie 5. Mose 32,16-31 lesen wir, dass Gottes Eifersucht und Zorn entfacht wurden, als die Israeliten die Götzen fremder Religionen anbeteten. Denn es ist ein Angriff auf Gottes Heiligkeit und Gerechtigkeit, wenn irgendetwas anderes als Gott den ersten Platz in unserem Leben einnehmen will.

> *„Ihr sollt nicht anderen Göttern... nachlaufen – denn als ein eifersüchtiger Gott ist der HERR, dein Gott, in deiner Mitte –, damit nicht der Zorn des HERRN, deines Gottes, gegen dich entbrennt...“*
>
> (5. Mose 6,14-15)

Auch wenn Sie keiner falschen Religionen anhängen und wenn Sie nicht in einem hinduistischen oder buddhistischen Tempel anbeten, können Sie dennoch Götzen in Ihrem Herzen haben. Dinge wie Ihr Auto, Ihr Haus, Geld, Status, Kinder oder der Ehepartner können für Sie sehr wohl wichtiger geworden sein als Gott. Jesus zu bitten, Herr in wirklich jedem Bereich Ihres Lebens zu sein, ist daher ein sehr wichtiger Schritt zu Heilung und Wohlbefinden.

Die Bibel sagt uns, dass Ungehorsam und Sünde Gottes Zorn hervorrufen. Als die Israeliten das verheißene Land einnahmen, war ihnen ausdrücklich gesagt worden, sich nicht an die Götzen zu hängen, die von den Bewohnern des Landes angebetet wurden. In Josua, Kapitel 7, lesen wir dann, wie Achan diese Anweisung missachtet hat. Als Folge waren die Feinde Israels plötzlich in der Lage, Israel zu besiegen, und zwar so lange, bis dieser Ungehorsam aufgedeckt und geahndet wurde.

> *„Doch die Söhne Israel übten Untreue an dem Gebannten. Und Achan... nahm etwas von dem Gebannten. Da entbrannte der Zorn des HERRN gegen die Söhne Israel.“*
> (Josua 7,1)

Als Eltern setzen wir unseren Kindern Grenzen. Wir sagen ihnen zum Beispiel, dass sie sich von offenem Feuer oder dem Topf mit heißem Wasser fernhalten sollen. Wir verbieten ihnen, auf der gefährlichen Straße zu spielen und bringen ihnen bei, nicht über die Straße zu gehen, ohne vorher geschaut zu haben, ob die Fahrbahn auch frei ist. Diese Grenzen setzen wir ihnen, weil wir unsere Kinder lieben und uns um sie sorgen. Wenn sie uns nicht gehorchen, dann sind wir beunruhigt und besorgt, wir empfinden Enttäuschung und Zorn. Normalerweise kommen diese Gefühle nicht deshalb in uns auf, weil unsere Autorität missachtet wurde, sondern weil wir uns der Konsequenzen und Gefahren bewusst sind, denen sich unsere Kinder durch ihren Ungehorsam ausgesetzt haben.

Wir sollten wissen, dass Gott Zorn ähnlich erlebt. Er hat für uns sichere Grenzen eingerichtet, innerhalb derer wir uns bewegen dürfen. Diese Grenzen sind in den Zehn Geboten (2. Mose 20,1-17) zusammengefasst und zeigen uns, in welchem Rahmen wir mit Gott und unseren Mitmenschen umgehen sollen. Sind wir Gott ungehorsam, dann bewegen wir uns außerhalb dieser Grenzen, die Gott für uns eingerichtet hat. Wir setzen uns dann den Konsequenzen aus, was womöglich bedeuten kann, dass der Feind mit seinen zerstörerischen Absichten in unser Leben hineinwirken kann. (Wir werden darauf in einem späteren Kapitel noch genauer eingehen.) Gott, als liebender Vater, ist daher verärgert und zornig, wenn die Menschen, die er geschaffen hat, diese schützenden Grenzen einfach ignorieren, genau wie wir es sind, wenn unsere Kinder die Grenzen missachten, die wir ihnen gesetzt haben.

> *„Doch Mose antwortete: Aber bitte, Herr, schick doch einen andern! Da entbrannte der Zorn des Herrn über Mose..."*
> (2. Mose 4,13-14 – Einheitsübersetzung)

In der Bibel finden wir Beispiele, wo die Taten Einzelner, aber auch das kollektive Verhalten eines ganzes Volkes Gottes Zorn hervorrufen. In 2. Mose 4,14 lesen wir, dass Mose Gott damit erzürnte, dass er sich zunächst weigerte, den Ruf, den Gott auf sein Leben gelegt hatte, anzunehmen. Gott hatte schon auf wunderbare Weise gezeigt, dass er mit Mose war, aber Mose erwiderte trotzdem: „Schick doch einen anderen." Ich frage mich manchmal, ob Gott nicht auch heute noch manchmal wütend wird, wenn Sie oder ich klar von Gott hören und doch dem, was er uns gesagt hat, nicht Folge leisten.

Auch das kollektive Verhalten Israel hat oft Gottes Zorn entfacht. In 4. Mose, Kapitel 25, lesen wir, wie die Israeliten sich in sexuelle Beziehungen mit den Moabiterinnen einließen und als Folge davon dann auch deren Götzen anbeteten. Als nächstes lesen wir, dass *„der Zorn des Herrn gegen Israel entbrannte"* (4. Mose 25,3). Haben Sie sich schon einmal gefragt, ob Gottes Zorn vielleicht auch gegen Teile seiner Gemeinde brennt, weil sie auf sexuellem Gebiet Verhalten geschehen lässt, dass ganz klar nicht seinem Willen entspricht? Gott weiß doch, wie schädlich solches Verhalten für uns ist.

Der Zorn Gottes – als Tat und Gericht

In der Bibel gibt es verschiedene Begriffe für den Zorn Gottes, die in den bekannten deutschen Übersetzungen aber häufig nicht klar unterschieden werden. So muss man ein Gefühl des Zornes bei Gott von den Handlungen abgrenzen, die daraus folgen – wie ja auch bei Menschen. In diesem Abschnitt wollen wir einen Blick auf das gerechte Gericht und die Strafe, die von Gott ausgehen, werfen. 5. Mose 29,28 zeigt uns, dass die Verwüstung des Landes und das Herausreißen des Volkes aus dem Land ein Ausdruck von Gottes Zorn waren, weil sie ihn verworfen hatten. Sein gerechtes Gericht nahm sie alle hinweg und nur die, die ihm immer noch folgen wollten, kamen später wieder zurück in das Land. So wurde das Land gereinigt. Andernfalls wäre das Volk vollständig von ihm abgefallen.

> *„Und der HERR hat sie herausgerissen aus ihrem Land im Zorn und im Grimm und in großem Unwillen und hat sie in ein anderes Land geworfen, wie es an diesem Tag der Fall ist.“*
>
> (5. Mose 29,27)

Hier kann der Zorn Gottes als die Vollstreckung von Gottes Gericht angesehen werden, über die Taten derer, die ihn verworfen und infolgedessen zahllose Sünden begangen hatten (Offenbarung 14,19; 16,1 und 19,15). Die Bibel zeigt uns, dass dieses Gericht Gottes aus Gottes Zorn folgt. Und doch wird das Gericht immer durch sein Erbarmen und seine Vergebung in Zaum gehalten. Das kommt in Psalm 78,38 sehr gut zum Ausdruck:

> *„Er aber war barmherzig, er vergab die Schuld und vertilgte nicht; und oftmals wandte er seinen Zorn ab und ließ nicht erwachen seinen ganzen Grimm."*

Wie wir schon gesehen haben, ist es wichtig, zwischen Zorn als Gefühl und dem Ausdruck dieses Gefühls in Taten zu unterscheiden. Die Bibel sagt uns, dass Gott langsam zum Zorn ist. Das heißt nicht, dass Gott nicht unmittelbar zornig wird, wenn er sieht, wie Menschen von anderen verletzt oder missbraucht werden. Aber es heißt, dass er aus diesem Zorn heraus nicht sofort handelt, indem er sein Gericht auf die Sünder herab bringt. Gott, der voller Erbarmen und Mitgefühl ist, führt sein Gericht über die Sünde nicht immer unmittelbar aus.

> *„Barmherzig und gnädig ist der HERR, langsam zum Zorn und groß an Gnade."*
>
> (Psalm 103,8)

Wenn gegen uns gesündigt wird, dann will unsere menschliche Natur, dass Gott schnell eingreift und uns rächt. Geschieht das nicht, richten manche Menschen ihren Zorn gegen Gott. Stefan, der an der Schule oft schrecklich drangsaliert wurde, wollte von uns wissen, wo Gott war, als seine Mitschüler ihm so übel zugesetzt hatten. Wir schlugen ihm vor, Gott doch selbst danach zu fragen. So hielten wir einige Momente inne und dann sagte er: „Gott gab mir gerade ein Bild. Dieser Schläger haute mir mal wieder ins Gesicht, aber Jesus stand zwischen mir und dem Typen. Und jedes Mal, wenn ich geschlagen wurde, wurde auch Jesus getroffen." Dieses Bild half Stefan zu begreifen, dass Gott an seinem Schmerz und seinen Verletzungen Anteil nahm. Es ließ ihn erkennen, dass die Dinge, die ihn verletzt hatten, auch Gott verletzt hatten. Das Bild von Jesus, der mit ihm zusammen geschlagen wurde, gab Stefan ein ganz neues Verständnis für diesen Bibelvers:

„Er war verachtet und von den Menschen verlassen, ein Mann der Schmerzen und mit Leiden vertraut."

(Jesaja 53,3)

Gottes richtender Zorn ist notwendig, wenn er Gerechtigkeit und Strafe für Sünden in einem Universum, das er mit moralischen Regeln geschaffen hat, herbeiführen will. Böse Taten müssen auch Konsequenzen haben. Und doch bewirkt Gottes Liebe, dass er in erster Linie Erbarmen und Vergebung der Sünden gewähren will. Darum wartet er so geduldig darauf, dass Menschen von ihren Sünden umkehren und in eine rechte Beziehung mit ihm kommen. Er ist voller Mitgefühl und fühlt mit uns den Schmerz, den wir leiden, weil Menschen uns verletzen.

Menschlicher Zorn

Die Bibel spricht nicht nur vom Zorn und vom Gericht Gottes, sie hat auch viel über unseren menschlichen Zorn zu sagen und darüber, wie wir damit umgehen sollen und wie nicht. Einige der Schlüsselaussagen finden wir in den folgenden Bibelversen:

1. Werdet nicht schnell zornig, denn der ist ein Narr, der sich von seinem Zorn leiten lässt.

- *„Ein Tor zeigt seinen Zorn alsbald; aber wer Schmähung überhört, der ist klug."* (Sprüche 12,16 – Luther)
- *„Der Langmütige ist reich an Verständnis, aber der Jähzornige trägt Narrheit davon."* (Sprüche 14,29)
- *„Ein hitziger Mann erregt Zank, aber ein Langmütiger beschwichtigt den Rechtsstreit."* (Sprüche 15,18)
- *„Besser ein Langmütiger als ein Held, und besser, wer seinen Geist beherrscht, als wer eine Stadt erobert."* (Sprüche 16,32)

- *„Klugheit macht den Mann langsam zum Zorn, und es ist seine Ehre, dass er Verfehlung übersehen kann.“* (Sprüche 19,11 – Luther)
- *„Ihr wisst doch, meine geliebten Brüder: Jeder Mensch sei schnell zum Hören, langsam zum Reden, langsam zum Zorn!“* (Jakobus 1,19)

2. Zorn führt nur zu Zank und Streit

- *„Wer jähzornig ist, muss selbst seine Strafe dafür zahlen. Wenn du ihn einmal davor rettest, wirst du es immer wieder tun müssen.“* (Sprüche 19,19 – Neues Leben Übersetzung)
- *„Besser in der Wüste wohnen als bei einer zänkischen und zornigen Frau.“* (Sprüche 21,19 – Luther)
- *„Eine aufgebrochene Stadt ohne Mauer, so ist ein Mann ohne Selbstbeherrschung.“* (Sprüche 25,28)
- *„Ein zorniger Mann erregt Streit, und ein Hitziger ist reich an Vergehen.“* (Sprüche 29,22)

3. Zorn wird durch unbeherrschte Worte erregt und daher ist es ratsam, sich nicht mit jemand einzulassen, der seinen Zorn nicht unter Kontrolle hat.

- *„Eine sanfte Antwort wendet Grimm ab, aber ein kränkendes Wort erregt Zorn.“* (Sprüche 15,1)
- *„Lass dich nicht ein mit einem Zornigen, und mit einem Mann, der sich schnell erregt, verkehre nicht.“* (Sprüche 22,24)

4. Ungerechtfertigter Zorn ist Sünde

- *„Ich aber sage euch: Jeder, der seinem Bruder ohne Ursache zürnt, wird dem Gericht verfallen sein.“* (Matthäus 5,22 – Schlachter 2000)

5. Gott ermutigt uns, vom Zorn abzulassen

- *„Alle Bitterkeit und Wut und Zorn und Geschrei und Lästerung sei von euch weggetan samt aller Bosheit."* (Epheser 4,31)
- *„Jetzt aber legt auch ihr das alles ab: Zorn, Wut, Bosheit, Lästerung, schändliches Reden aus eurem Mund."* (Kolosser 3,8)

Wenn wir uns diese biblischen Ermahnungen ansehen, dann müssen wir uns wiederum die Frage stellen, ob die Bibel hier von Zorn als Gefühl oder von Zorn als Verhalten spricht. Wir nehmen nicht an, dass diese Schriftstellen uns sagen wollen, dass es grundsätzlich falsch ist, Zorn zu **empfinden**. Gott selbst empfindet Zorn und da wir nach seinem Bilde geschaffen sind, würde uns etwas fehlen, wenn nicht auch wir zu Zeiten Zorn empfinden würden. Diese Schriftstellen warnen uns vielmehr davor, was wir als Folge unseres Zorns besser nicht **tun** sollten.

Die biblische Lehre über Zorn wird in Epheser 4,26-27 ganz wunderbar zusammengefasst, wo Paulus Psalm 4,4 zitiert:

> *„Zürnet, und sündigt dabei nicht! Die Sonne gehe nicht unter über eurem Zorn, und gebt dem Teufel keinen Raum!"*

Wir haben schon gesehen, dass der Zorn selbst nicht die Sünde ist. Daher fordert uns Paulus hier auf, darauf zu achten, dass unsere zornigen Gefühle nicht zu sündigen Taten werden. Es scheint, dass er den Unterschied zwischen Zorn als Gefühl und Zorn als Verhalten, das Gottes Geboten widerspricht, sehr wohl gesehen hat. Wenn wir von anderen provoziert werden oder merken, dass wir unruhig werden, weil etwas der Erreichung unserer Ziele im Wege steht, dann müssen wir vorsichtig sein, wie wir unseren Gefühlen Ausdruck geben.

> *„Zürnet, und sündigt dabei nicht! Die Sonne gehe nicht unter über eurem Zorn, und gebt dem Teufel keinen Raum!"*
>
> (Epheser 4,26-27)

Diese Worte von Paulus in Epheser 4 kann man auch als Kommentar zu der Begebenheit in 1. Mose 4 verstehen, wo Kain seinen Bruder Abel erschlägt. Kain wurde zornig, weil sein Opfer für Gott weniger annehmbar war, als das von Abel. Die Bibel sagt uns nicht, warum das so war, aber man darf vermuten, dass zumindest einer der Gründe in der Herzenshaltung Kains lag. Gott warnt Kain, dass *„die Sünde vor deiner Tür lauert."* Kain ignorierte diese Warnung und so fand der Zorn, der in ihm brodelte, seinen Ausdruck in dem Mord an seinem Bruder. Kain öffnete dem Feind die Tür und gab ihm damit Raum. Er unternahm nichts gegen seine zornigen Gefühle – mit schrecklichen Folgen.

> *„Und der HERR sprach zu Kain: Warum bist du zornig, und warum hat sich dein Gesicht gesenkt?"*
>
> (1. Mose 4,6)

Paulus ermutigt uns, uns unseren Gefühlen zu stellen und sie zu verarbeiten, statt an ihnen festzuhalten oder sie zu unterdrücken. Wenn meine Frau Liz und ich uns gestritten haben, dann kann es leicht passieren, dass wir uns beide zurückziehen und nicht mehr miteinander reden. Jeder für sich sucht dann nach allerlei Rechtfertigungen für sein Verhalten oder seine Ansichten. Immer wieder bestätigen wir uns dann selbst, dass ja der Partner im Unrecht ist. Damit öffnen wir die Tür für Selbstmitleid, Groll, Bitterkeit und auch für ungerechtfertigten Zorn gegen über dem Anderen. Wenn wir das aber tun, dann ist der Feind der Sieger und wir sind die Verlierer.

Zusammengefasst kann mal also sagen, dass die Bibel uns als Christen vor die Herausforderung stellt, nicht zu sündigen, wenn wir zornig sind. In den folgenden Kapiteln werden wir uns nun anschauen, wie wir die Sünde vermeiden und stattdessen mit unseren Gefühlen in einer Gott wohlgefälligen Weise umgehen können.

Kapitel 5

Was können wir von Jesus über Zorn lernen?

Jesus ist unser perfektes Vorbild, auch wenn es um den Umgang mit Zorn geht. Was hat Jesus über Zorn gelehrt? War Jesus selbst auch manchmal zornig, und wenn ja, wie brachte er diese Gefühle zum Ausdruck?

Jesus ist ja nicht nur gekommen, um die gefallene Schöpfung zu erlösen, sondern auch, um den wahren Charakter Gottes zu offenbaren. Dies tat er unter anderem, indem er Wahrheiten über die Herrschaft Gottes anhand von Gleichnissen verdeutlichte. In vielen dieser Geschichten ist eine der zentralen Figuren ganz klar ein Bild für Gott. Dagegen können wir selbst uns normalerweise, manchmal sehr zu unserer Beschämung, mit einem der anderen Charaktere in der Geschichte identifizieren.

Ein König, der zum Zorn gereizt wird

Jesus erzählte eine Geschichte von einem König und seinem unbarmherzigen Diener (Matthäus 18). Der König wollte seine Schulden eintreiben, aber einer der Diener war nicht in der Lage, seine große Schuld zu bezahlen. Als dieser Diener den König bat, Erbarmen mit ihm zu haben und ihm noch etwas mehr Zeit zu lassen, um die Schulden zu bezahlen, da hatte der König Mitleid mit ihm und erließ ihm kurzerhand die ganze Schuld! Traurigerweise war dieser gleiche Diener kurz später nicht bereit, dieses gleiche Erbarmen einem anderen Diener, der ihm ein wenig Geld schuldete, entgegenzubringen. Obwohl dieser Diener ihn inständig bat, ihm noch etwas Zeit für die Bezahlung zu lassen, ließ er ihn doch ins Gefängnis werfen. Dem König kam das zu Ohren, und er wurde sehr zornig auf den undankbaren Diener, der nicht bereit war, seinem Kollegen das gleiche Erbarmen, das er selbst erfahren hatte, entgegenzubringen. Dieser Diener, dem eine Schuld erlassen worden war, die er niemals hätte abzahlen können, weigerte sich, seinem Kollegen, der ihm ja eine vergleichsweise kleine Summe schuldete, auch nur etwas Aufschub zu geben. Ja, man hat sogar den Eindruck, dass er unverhältnismäßig zornig auf den anderen Diener war und ihn außergewöhnlich hart behandelte. Wir sollten uns das eine Warnung sein lassen, denn unverarbeiteter Ärger kann auch in unserem Leben dazu führen, dass wir anderen kein Mitgefühl entgegen bringen.

> *„Und sein Herr wurde zornig und überlieferte ihn den Folterknechten.“*
>
> (Matthäus 18,34)

Die Undankbarkeit und Hartherzigkeit, die der unbarmherzige Diener an den Tag legte, reizte den Zorn des Königs und bewog ihn zu handeln. Dieses Gleichnis zeigt uns, wie wichtig es ist, dass wir bereit sind, denen zu vergeben, die gegen uns gesündigt haben. Wenn wir nämlich nicht vergeben wollen, dann reizen wir damit Gott zum Zorn, der uns in seinem großen Erbarmen durch den Tod von Jesus seine Vergebung schon angeboten hat.

Können Sie sich selbst in dem unbarmherzigen Diener sehen? Finden Sie es auch manchmal schwierig zu vergeben?

Ein König, der durch Gleichgültigkeit gereizt wird

Im Gleichnis vom großen Gastmahl erzählt uns Jesus die Geschichte von einem König, der ein großes Fest für seine Freunde und Nachbarn ausrichtet. Nachdem er jedoch die Einladungen ausgesandt hat, entschuldigen sich seine Gäste mit fadenscheinigen Gründen und erscheinen nicht zum Fest. Diese Reaktion ärgert den König.

Auch im Sendschreiben an die Gemeinde in Laodicea kommt zum Ausdruck, wie zornig Jesus auf Gleichgültigkeit reagiert:

> *„Also, weil du lau bist und weder heiß noch kalt, werde ich dich ausspeien aus meinem Munde."*
>
> (Offenbarung 3,16)

Kann es sein, dass wir Gott reizen, wenn wir andere Dinge im Leben wichtiger finden, als die Dinge, die er für uns hat? Verpassen wir vielleicht, indem wir unseren eigenen Wünschen folgen, die Pläne, Absichten und die Bestimmung, die Gott für jeden von uns hat?

Ein Vater, der nicht schnell zornig wird

In der Geschichte vom verlorenen Sohn bittet der jüngere der beiden Söhne den Vater, ihm seinen Anteil am Erbe zu geben (Lukas 15,11-32). Dann geht der Sohn damit fort und bringt das ganze Geld durch. Später entscheidet er sich, zurückzukehren und um Entschuldigung zu bitten. Er erwartet aber gar nicht, wieder in die Familie aufgenommen zu werden, sondern ist bereit, als ein Knecht seines Vaters zu arbeiten. Das Verhalten des Vaters sagt uns viel über den Charakter Gottes. Der Vater, der allen Grund gehabt hätte, zornig auf seinen Sohn zu sein, begegnet ihm stattdessen mit Erbarmen und Mitgefühl. Die ganze Zeit über hatte der Vater darauf gewartet, dass der junge Mann zurück nach Hause kommen würde. Als er sieht, wie dieser sich völlig heruntergekommen dem Haus nähert, läuft er ihm sofort entgegen und nimmt ihn einfach in die Arme. Wenn das unser Sohn gewesen wäre, hätten wir wahrscheinlich das dringende Bedürfnis gehabt, ihn wissen zu lassen, wie zornig wir über sein Verhalten waren. „Was hast du mit deinem ganzen Vermögen angestellt?", „Wie konntest du nur so dumm sein?", „War dir nicht klar, dass deine Mutter krank vor Sorge war?"

> *„Als er aber noch fern war, sah ihn sein Vater und wurde innerlich bewegt und lief hin und fiel ihm um seinen Hals und küsste ihn."*
>
> (Lukas 15,20)

Doch in der Geschichte, die Jesus erzählte, tut der Vater nichts dergleichen. Dabei hätte er nach jüdischem Gesetz sogar das Recht gehabt, seinen Sohn zu Tode steinigen zu lassen (5. Mose 21,18-21). Aber so verhält sich dieser Vater nicht. Er wartet noch nicht einmal ab, bis der verschwenderische Sohn, der wieder zurückgekommen ist, seine wohl einstudierte Entschuldigung vorgebracht hat. Nein – er läuft los und heißt ihn mit ausgebreiteten Armen willkommen. Jesus bekräftigt mit dieser Geschichte, dass so der Charakter Gottes ist: *„Barmherzig und gnädig, langsam zum Zorn und reich an Gnade und Treue, der Gnade bewahrt an Tausenden von Generationen, der Schuld, Vergehen und Sünde vergibt."* (2. Mose 34,6-7).

Wie sehen Sie Gott? Halten Sie Gott für jemanden, der schnell kritisiert und ebenso schnell bestraft oder sehen Sie ihn als mitfühlenden, liebevollen Vater?

Der ungerechtfertigte Zorn eines Bruders

In der Geschichte vom verlorenen Sohn reagiert nicht der Vater zornig, sondern der Bruder des jungen Mannes. Das mag bei vielen der Zuhörer damals ein gewisses Unwohlsein hervorgerufen haben. Hatten sie doch zuvor Jesus dafür kritisiert, dass er jene Menschen herzlich aufnahm, die sie als Sünder und Ausgestoßene betrachteten und ablehnten. Womöglich waren sie sogar wütend, weil Jesus ihre Religiosität und Selbstgerechtigkeit nicht auch noch gelobt hatte. Auf jeden Fall waren sie wütend, weil ihnen der

Gedanke missfiel, dass Gott sich nicht so verhalten hatte, wie sie sich das vorstellten.

Die Haltung des älteren Bruders ist eine Herausforderung und ein Prüfstein für unsere eigenen Herzen. Sind wir vielleicht wütend auf Gott? Hat Gott sich nicht so verhalten, wie wir das von ihm erwartet hätten? Hat Gott seinen Zorn bis jetzt zurückgehalten und hat Erbarmen mit denen gehabt, die uns so verletzt haben? Haben wir das Vertrauen, dass wir am Ende der Zeit, wenn wir alles wissen und alles sehen, zurückblicken und erkennen werden, dass alles, was Gott getan hat, richtig und gerecht war? Können wir ihm wirklich vertrauen?

In der Bergpredigt lehrt Jesus, dass ungerechtes Richten genauso wie Mord verurteilt werden wird. Und ist es nicht so, dass zornige Gefühle letztlich sogar zu Mordgedanken führen können? Können Sie den Mann aus Kapitel 1 vielleicht verstehen, der voller Hass zu unserem Heilungsseminar kam und bereit gewesen wäre, den Mann, der seinen Sohn um all seine Habe betrogen hatte, zu töten?

Jesus ist zornig über Heuchelei

Aber wurde Jesus selbst je zornig? Er hat zwar nie gesündigt, aber auch er hatte Gefühle und er konnte zornig werden. In Markus 3,1-6 lesen wir, wie Jesus in die Synagoge ging und den Mann mit der verkrüppelten Hand heilte. Darin sahen einige Leute eine Gelegenheit, ihn anzuklagen, dass er den Sabbat nicht gehalten hätte. Da wurde Jesus zornig auf die Verstocktheit des menschlichen Herzens. Sie waren viel mehr daran interessiert, Jesus zu kritisieren, dass er das Gesetz (so wie sie es interpretierten) gebrochen hatte, als Gott die Ehre zu geben und sich über die wunderbare Heilung zu freuen, deren Zeuge sie gerade geworden waren.

„Und er sah sie ringsum an mit Zorn und war betrübt über ihr verstocktes Herz.“

(Markus 3,5 – Luther)

Die Pharisäer wurden daraufhin so wütend, dass sie einen Plan fassten, Jesus zu töten. Jesus seinerseits war entrüstet wegen ihrer Heuchelei, und seine Gefühle erinnern an den Zorn Gottes gegenüber den so genannten „Hirten Israels“, von denen wir in Hesekiel 34 lesen, die sich nicht um die Bedürfnisse von Gottes erwähltem Volk kümmerten.

Jesus wird ungehalten, wenn wir nicht erkennen, was Gott im Sinn hat

Bei einigen Gelegenheiten war Jesus sogar wegen des Verhaltens seiner Jünger ungehalten und ärgerlich. Wir lesen von einer Begebenheit (Markus 10,13-16), bei der Jesus unwillig wurde, weil die Jünger versuchten, einige Eltern daran zu hindern, ihre Kinder zu ihm zu bringen, damit er sie segnete. Dabei war es sicher noch nicht einmal ihre Herzenshaltung, die Jesus ärgerte. Zweifellos hatten sie nur im Sinn, ihren Meister vor dem Drängen der Volksmengen zu schützen. Aber Jesus wurde ungehalten, weil sie nicht erkannten, wie sehr es Jesus selbst wichtig war, die Kinder zu segnen.

Da muss man sich fragen, ob nicht auch wir oft übersehen, was Gott wirklich wichtig ist. Könnte es sein, dass unsere wohlmeinende Religiosität uns selbst oder andere manchmal davon abhält, in eine wirklich tiefe Beziehung mit Gott zu kommen? Das geschieht so leicht. Aus heutiger Sicht ist es einfach, die Jünger zu kritisieren, aber es lohnt sich doch, einmal der Frage zu nachzugehen, wie oft *wir* heute gar nicht erkennen, was Gottes Herzen wirklich wichtig ist.

Jesus, der vom Eifer für Gott verzehrt wurde

Verärgerung und Eifer für die Sache Gottes trieben Jesus auch an zu handeln. Alle vier Evangelien berichten davon, wie Jesus die Händler und Geldverleiher aus dem Tempel jagte. Viele Menschen, die den Tempel besuchten, legten dazu weite Reisen zurück, so dass es unpraktisch war, die Opfertiere auf der ganzen Reise mitzunehmen. Andere waren zweifellos Gewerbetreibende oder Handwerker, die gar keine eigenen Tiere besaßen. Also brauchten sie eine Gelegenheit, Opfertiere zu kaufen, die sie im Tempel darbringen konnten, und dieser Bedarf hatte einen Markt entstehen lassen, auf dem gewissenlose Händler einen hohen Profit machten.

> *„Seine Jünger gedachten daran, dass geschrieben steht: ‚Der Eifer um dein Haus verzehrt mich.'"*
>
> (Johannes 2,17)

Es ist sehr wahrscheinlich, dass es besonders die Art und Weise war, wie die Pilger dort im Tempel übers Ohr gehauen wurden, die Jesus so zornig machte. Und sein Zorn bewog ihn dazu zu handeln. Er machte sich eine Peitsche und trieb die Tiere aus dem Tempel und warf die Tische der Geldverleiher um (Johannes 2,12-17). Hinter dem, was Jesus da tat, stand der Eifer für die Sache Gottes.

Sein Vorgehen im Tempel ist eine Aufforderung an jeden von uns, uns zu prüfen. Würden wir es zulassen, dass Zorn uns motiviert, etwas zu tun, was Gott von uns erwartet? Oder lassen wir uns lieber von Menschenfurcht kontrollieren und bleiben einfach passiv? Sind wir so von Eifer für die Sache Gottes erfüllt, dass wir dieses Gebet beten können? *„Herr Jesus, reize mich zum Zorn über Ungerechtigkeit und Gottlosigkeit und hilf mir, diesen Zorn dafür einzusetzen, dass ich auch tätig werde."*

Mit dem, was er lehrte, und mit seinem Verhalten unterstrich Jesus, dass Zorn eine Emotion ist, die sowohl zu Gott als auch zu uns Menschen gehört. Zorn kann sehr wohl in Gottes Sinn sein und dazu gebraucht werden, uns dazu zu motivieren, etwas Gutes und Richtiges zu tun. Oder er kann nicht in Gottes Sinn sein und dann, wenn er nicht beherrscht wird, zu selbstsüchtigen und ungerechten Handlungen führen. Im nächsten Kapitel sehen wir uns einige der Arten an, wie wir früher mit Zorn umgegangen sind, die aber nicht von Gott gewollt sind.

Kapitel 6

Wie sind wir bisher mit Zorn umgegangen?

Bis hierher haben wir herausgestellt, wie wichtig es ist, zwischen einem Gefühl des Zorns und zornigem Verhalten zu unterscheiden. Vor diesem Hintergrund müssen wir uns nun selber fragen: „Wie gehe ich heute oder wie bin ich in der Vergangenheit mit meinen Zorngefühlen umgegangen?" Diese Frage ist sehr wichtig, denn Zorn löst sich für gewöhnlich nicht einfach in Luft auf.

Leugnen

Einige Menschen versuchen mit ihrem Zorn fertig zu werden, indem sie ihn einfach leugnen. Sie wollen nicht zugeben, dass das Zorn ist, was sie da gerade empfinden. Vielleicht sind sie sich sogar selbst nicht darüber im Klaren, was sie gerade fühlen. Es ist nicht immer ganz einfach, ein Gefühl richtig einzuordnen, besonders dann nicht, wenn man sich angewöhnt hat, seine Gefühle zu ignorieren oder zu unterdrücken. Oder sie haben vielleicht Scheu, ehrlich zu ihren Gefühlen zu stehen. Dann geben sie dem Gefühl des Zorns einfach einen anderen Namen und sagen, sie seien frustriert oder enttäuscht darüber, wie sich jemand ihnen gegenüber verhalten hat (aber auf keinen Fall wütend oder zornig).

„Ich? Ich bin nicht wütend."

Es gibt Menschen, die sagen, ungeachtet ihres hochroten Kopfes, ihrer geballten Fäuste und des Rauches, der fast sichtbar aus ihren Ohren quillt, mit zusammengebissenen Zähnen, „Ich? Ich bin nicht wütend." Warum eigentlich versuchen sie, dieses Gefühl zu leugnen? Nun, vielleicht, weil sie sich schuldig fühlen, überhaupt zornig geworden zu sein, oder weil sie denken, wenn sie zu ihren wahren Gefühlen stehen würden, könnten andere das als Charakterfehler interpretieren.

Unterdrücken

Einige Menschen erkennen durchaus, dass sie zornig sind, aber sie entscheiden sich, diesen Zorn zu unterdrücken und ihn bewusst beiseite zu schieben.

Cathy beschrieb ihre Art, den Zorn zu unterdrücken, so:

> *„Ich habe niemals gehört, dass meine Eltern geschrien oder gestritten hätten. Sie wurden nicht einmal laut. Mit der Zeit sah ich zwar, dass auch sie versteckten Groll gegeneinander hatten, aber der war gut verborgen. Eines Tages hörte ich völlig schockiert, wie mein Vater fluchte, als er dachte, niemand würde ihn hören. In meiner Familie war es üblich, seine Gefühle unter Kontrolle zu haben. So habe ich nie gelernt, meine Gefühle richtig auszudrücken. Gefühle spielten sich bei mir nur im Verborgenen ab, und wenn ich doch einmal wirklich zornig war, dann fühlte ich mich gleich schuldig und verachtete mich selbst dafür.*
>
> *Dann habe ich geheiratet und gesehen, dass die Familie meines Mannes ganz anders war. Sein Vater konnte Kritik nicht gut vertragen und fing dann gleich an zu schreien und machte seinem Ärger Luft. Für mich schien das jedes Mal eine Katastrophe zu sein, aber erstaunlicherweise überlebte die Familie jeden dieser Ausbrüche und erholte sich ganz gut wieder davon."*

Warum also unterdrücken Menschen ihren Ärger? Einige vielleicht, weil sie als Kind bestraft wurden, wenn sie Gefühle zeigten. Sie wurden bestraft, wenn sie weinten oder man drohte ihnen: „Wenn du jetzt nicht aufhörst zu heulen, dann geb ich dir gleich einen Grund zu heulen." Vielleicht wurden sie auch ausgelacht, wenn sie einmal ehrlich sagten, wie sie sich fühlten. Oder sie wurden von anderen so sehr unterdrückt und kontrolliert, dass sie sich in die Passivität zurückgezogen haben und jetzt unfähig oder nicht mehr bereit sind, sich Situationen zu stellen, die sie ärgern.

Wegen dieser Unsicherheit wissen sie nicht, was sie mit ihrem Zorn und Ärger anfangen sollen und versuchen, ihn zu unterdrücken. Sie entscheiden sich bewusst, nicht mehr ihren Gefühlen zu folgen und versuchen, diese Gefühle beiseite zu schieben oder sie zu ignorieren. In ihrem Kopf aber läuft etwas ganz anderes ab. Es steigen Gedanken in ihnen auf, welche Unglücke die treffen sollen, die sie so geärgert oder verletzt haben, oder sie denken darüber nach, was sie diesen Menschen am liebsten antun würden. Oder sie legen sich in Gedanken zurecht, was sie diesen Menschen am liebsten sagen würden und spielen dieses Szenario in ihrer Vorstellung immer wieder durch.

> *Sie werden wütend auf sich selbst, weil sie nicht offen zugeben, dass sie wütend sind.*

Es überrascht nicht, dass sie sich anschließend schuldig fühlen, solche Gedanken gehabt zu haben. Sie sind unglücklich und sehr unzufrieden mit sich selbst, und schließen daraus dann womöglich noch, dass auch Gott zornig auf sie sei, weil sie solche Gedanken gehegt haben. Oder sie werden wütend auf sich selbst, weil sie nicht gesagt haben, was sie wirklich empfunden haben.

Den Zorn nach innen kehren

Wird der Zorn stattdessen nach innen gekehrt und unterdrückt, kann dies zu selbstverletzendem Verhalten führen. Eine aktuelle nationale Studie in Großbritannien belegt, dass etwa 10 Prozent der Kinder sich selbst verletzen, indem sie sich ritzen, sich selber schlagen, ihren Kopf gegen eine Wand oder einen Gegenstand schlagen, Drogen in großen Mengen konsumieren, oder irgendeinen anderen Weg suchen, sich selbst Schaden und Schmerzen zuzufügen. Der Bericht stellt außerdem fest, dass der überwiegende Teil von Fällen selbstverletzenden Verhaltens sogar vor den eigenen Familien verborgen bleibt.*

Carol, ein vierzehnjähriges Mädchen, berichtete, wie sie sich bei einem Familientreffen zurückzog, im Badezimmer einschloss und sich ihre Handrücken mit einem Einwegrasierer zerschnitt. „Irgendwie war es wirklich eine Erleichterung. Ich wurde innerlich so ruhig davon", sagte sie uns. „Die Familie und alles um mich herum interessierten mich nicht mehr. Ich bin sehr schüchtern und nach innen gekehrt, ich würde meine Aggression nie gegen einen anderen Menschen richten. So habe ich meine ganze Wut gegen mich selbst gerichtet. Dazu gehörte, dass ich den Schmerz in mir auf etwas Greifbares übertrug, so dass ich etwas hatte, was ich wirklich erfassen konnte. Damit verlagerte sich meine Aufmerksamkeit weg von dem, was in meinem Kopf vorging, auf den körperlichen Schmerz."

Die äußerste Form selbstverletzenden Verhaltens ist der Selbstmord. Viele der Menschen, denen wir dienen, räumen ein, schon mit dem Gedanken an Selbstmord gespielt zu haben. In fast allen Fällen ging dem das tiefe Gefühl von Ablehnung und unterdrücktem Zorn über Erlittenes voraus.

* Deutsche Studien sprechen von ca. 1 % der Gesamtbevölkerung (ca. 800.000 Menschen), wovon ca. 90 % vor dem 18. Lebensjahr mit dem selbstverletzenden Verhalten beginnen. (Anmerkung des Übersetzers)

Passive Aggression

Einige Menschen kanalisieren ihren Zorn durch etwas, was in der Fachwelt „passive Aggression" genannt wird. Es handelt sich dabei oft um Menschen, die aus irgendeinem Grund sehr bedrückt sind. Sie sehen sich selbst als Opfer irgendeiner Ungerechtigkeit. Sie fühlten sich zum Beispiel herabgesetzt und übergangen, oder ihre Ideen und Überzeugungen wurden ignoriert und abgelehnt.

Es handelt sich dabei um Menschen, die nicht einfach plötzlich explodieren, aber sie sagen auch nicht, wie sie sich wirklich fühlen. Stattdessen entwickeln sie eine permanent grollende Haltung und werden oft zu Menschen, die nicht gerne mit anderen zusammenarbeiten, wenig hilfsbereit sind und mit denen es generell schwierig ist zu kommunizieren. Sie hören auf, Team Player zu sein und konzentrieren sich nur noch auf sich selbst. Wegen des Zorns, der in ihnen schlummert, neigen sie zu rebellischem Verhalten, kommen vielleicht bewusst zu spät zu Terminen oder zeigen deutlich ihren mangelnden Respekt gegenüber Autoritäten. Oft sind sie überkritisch und mürrisch.

> *Weil sie kaum wirklich darüber reden, kennt auch niemand den eigentlichen Grund ihres Problems.*

Diese Verhaltensänderung stellt sich meist nicht plötzlich ein, sondern entwickelt sich langsam. Weil sie kaum wirklich darüber reden, kennt auch niemand den eigentlichen Grund ihres Problems. Passive Aggression muss angesprochen und angegangen werden. Es ist wichtig, diesen Menschen zu zeigen, welche Wirkung ihr Verhalten auf andere hat und wie dadurch immer wieder Beziehungen in die Brüche gehen.

Verbale Aggression

Die meisten Menschen machen, wenn sie zornig sind, ihren Gefühlen mit heftigen Worten Luft. Solche Ausbrüche sind normalerweise sehr subjektiv und häufig unlogisch. Wie ein Vulkan, der plötzlich ausbricht, gehen ihre Emotionen mit ihnen durch. Sie werden laut und die Worte sprudeln nur so aus ihnen heraus, manchmal noch unterstrichen von Schimpfwörtern und Flüchen.

„Schau, wie weit du mich getrieben hast."

Was bei solchen Gelegenheiten gesagt wird, ist oft anklagend und gegen andere gerichtet. „Schau, wie weit du mich getrieben hast."; „Es interessiert dich überhaupt nicht, wie es mir geht."; „Du gibst mir nicht das Gefühl, geliebt zu sein."; „Immer musst du alles kaputt machen."; „Du beteiligst dich nie an der Arbeit."; „Du verstehst einfach nicht, wie hart ich arbeiten muss."; „Du machst mich wütend."

Diese verbalen Ausbrüche werden oft aus Gefühlen und Erinnerungen an vergangene Ereignisse genährt, die nicht aufgearbeitet, sondern nur verdrängt worden sind – so als wären sie einfach in einem Rucksack verstaut worden. Da mag eine Frau immer noch wütend sein, weil er ihr Ehemann sich einige Male in Gegenwart von Freunden betrunken hatte, was ihr sehr peinlich war. Oder ein Ehemann ist immer noch wütend, weil seine Frau über seine geheimen Ängste gelacht und sie sogar ihren Eltern erzählt hat. Oder eine Mutter ist wütend, weil ihr Sohn sie letzte Woche beschimpft und ein Loch in die Tür getreten hat.

Bei solchen Streitigkeiten durchforsten die meisten von uns unbewusst ihre Erinnerungen und holen alles hervor, was irgendwie ihre Gefühle von Zorn, Bitterkeit und Widerwillen gegen die Person, die sie verletzt hat, bestätigt und unterstützt. Es ist dann fast unvermeidlich, dass der andere nun ebenfalls verletzt wird und zornig auf die Anklagen reagiert. Dann schlägt er zurück und kramt nun seinerseits alte Erinnerungen aus seinem Rucksack hervorholt. Ein kleines Gefecht kann sich so leicht zu einem handfesten Krieg ausweiten.

Verbale Aggression kann sich aber auch als kalter und berechneter Angriff darstellen, wobei der Schaden, der angerichtet wird, dann oft noch größer ist als bei einem plötzlichen und vorübergehenden Gefühlsausbruch. Die Worte werden dann sehr langsam und bewusst, aber voller Gehässigkeit, eingesetzt. Sie sind bewusst verletzend und boshaft gewählt und werden fast immer als Anklage formuliert. Wie eine Rakete mit Zeitzünder können sie tief in das Bewusstsein des Empfängers eindringen und dort mit einer absolut vernichtenden Wirkung explodieren. Die gehässigen und zornigen Worte einer Mutter, die zu ihrem Sohn sagt „Ich wünschte, du wärest nie geboren", greifen diesen im Innersten seines Seins an. Und der Zorn und der Mangel an Mitgefühl eines Vater, der zu seiner unverheirateten Tochter, die schwanger geworden ist, sagt „Geh mir aus den Augen, du Schlampe", kann buchstäblich deren Persönlichkeit zerbrechen lassen.

Übertragung

Manchmal versuchen wir unseren Ärger durch Übertragung oder den berühmten „Sündenbock" zu bewältigen. Wir richten unseren Zorn dann gegen jemand anderen und lassen unschuldige Menschen darunter leiden. Voller Angst, seinen Job zu verlieren oder nicht die gewünschte Gehaltserhöhung oder Beförderung zu bekommen, wendet ein Mann sich nicht an seinen Chef, der auch noch unrealistische Forderungen stellt, sondern unterdrückt den Ärger zunächst und lässt ihn erst zu Hause an seiner Frau und seinen Kinder aus.

Vielleicht macht er seinem Ärger aber auch schon Luft, bevor er nach Hause kommt. Da würgt vielleicht vor ihm an der Ampel jemand den Motor ab und er, immer noch wütend auf seinen Chef, drückt auf die Hupe und zeigt dem Fahrer des anderen Wagens die Faust.

Körperliche Aggression

Schließlich kann sich Zorn auch durch körperliche Aggression ausdrücken. In eher harmlosen Fällen gehen wir beim Abwasch vielleicht nur etwas unsanft mit dem Geschirr um, legen das Besteck etwas zu lautstark auf den Esstisch oder knallen die Tasse Kaffee, die wir wenig liebevoll für unseren Ehepartner oder unseren Kollegen gemacht haben, heftig auf den Tisch. Unter Umständen fällt nicht ein einziges Wort – ja, es kann sogar sein, dass man dem anderen bewusst die kalte Schulter zeigt und alles, was er sagt, einfach ignoriert. Die Atmosphäre von Feindseligkeit und Zorn ist deutlich spürbar.

Körperliche Aggression kann sich gegen unbelebte Objekte richten. Wir knallen vielleicht die Tür zu oder schlagen mit der Hand auf den Tisch. Oder wir werfen etwas an die Wand. Jene Karikatur einer wütenden Ehefrau, die das Geschirr an der Wand zerschmeißt, kann für manchen eine bittere Realität sein. Ein Mann namens Mark berichtete uns folgendes: Oft, wenn ich versuchte, mein Auto zu reparieren, wurde ich zornig und frustriert und schmiss meine Schraubenschlüssel mit Gewalt in den Werkzeugkasten. Wenn ich von einem Meeting, bei dem es nicht nach meinen Vorstellungen lief, in mein Büro zurück kam, dann hab ich vor Frustration und Ärger meine ganzen Unterlagen über den Tisch verteilt.

Leider drückt sich Zorn aber oft auch in körperlicher Gewalt gegen andere Menschen aus. Eltern, die zornig werden, schlagen oder prügeln dann vielleicht ihr Kind, das sie irgendwie geärgert hat.

Dabei liegt die eigentliche Wurzel dafür, dass Eltern ihre Kinder schlagen, oft viel tiefer, und hat nur begrenzt mit dem zu tun, was das Kind gesagt oder getan hat. Unter Umständen ist das Kind sogar nur ein unbeteiligter Zuschauer in einer Auseinandersetzung zwischen seinen Eltern. Doch plötzlich richtet ein Elternteil, den Zorn, den es eigentlich gegen den Partner empfindet, gegen das Kind. Womöglich ist das Verhalten des Kindes auch nur der auslösende Faktor, dass schon lange gärender Groll und unverarbeitete Verletzungen an die Oberfläche kommen. Der Ehemann, der dazu gedrängt worden war, seine schwangere Freundin zu heiraten, mag sich wie in einer Falle fühlen und richtet seinen Zorn und seine Frustration dann gegen das Kind, das er als Grund für seine Misere ansieht.

Eine alleinstehende junge Frau, die Mutter geworden ist und nicht mehr wie früher mit ihren Freunden durch die Diskos ziehen kann, sieht vielleicht manchmal in ihrem Baby den Grund, warum sie keinen Spaß mehr haben kann und lässt ihren Ärger dann an dem Kind aus. Anne, eine Frau, die mit ihren Problemen zu uns kam, war von ihrem Freund erst vergewaltigt und dann verlassen worden. Der Sohn, den sie dann zur Welt brachte, sah seinem Vater auch noch ausgesprochen ähnlich. Und obwohl sie ihren Sohn liebte, musste das Kind irgendwann zu Pflegeeltern gegeben werden, um ihn vor den gewalttätigen Zornausbrüchen seiner Mutter zu schützen.

Ganz gleich, was ein Kind getan hat, es ist ungeheuer wichtig, dass Eltern lernen, ihr Kind erst dann zu bestrafen, wenn ihr eigener Zorn sich gelegt hat. Erziehung nach Gottes Maßstäben ist von Liebe geprägt und nicht von Zorn.

Erziehung nach Gottes Maßstäben ist von Liebe geprägt und nicht von Zorn.

Manchmal benutzen Eltern ihre Kinder als Ventil für ihren Ärger, aber viel häufiger ist es der Ehepartner, der als Zielscheibe herhalten muss. Normalerweise ist Zorn die treibende Kraft hinter häuslicher Gewalt. Die Täter versuchen sich dann oft damit zu rechtfertigen, dass sie provoziert worden seien. Und die Opfer, die oft zu verängstigt oder beschämt sind, um Hilfe zu suchen, verharren in Passivität und so wiederholt sich der Teufelskreis. Darüber hinaus spielt auch Alkohol in vielen Fällen von Gewalt eine Rolle.

Alkohol, Zorn und Gewalt sind ein unheilvoller Dreiklang. Durch den Alkohol verliert der Betrunkene die letzte Selbstkontrolle, die er nüchtern vielleicht noch gehabt hätte. Der unterdrückte Zorn wird dann entfesselt und manifestiert sich in gewalttätigen Zornausbrüchen.

Dies alles sind nur einige der Wege, auf denen viele von uns in der Vergangenheit versucht haben, mit ihrem Zorn umzugehen. Im nächsten Kapitel wollen wir uns einige gottgemäße Wege anschauen, wie wir in Zukunft auf unseren Zorn reagieren und ihn zum Ausdruck bringen können.

Um sich darüber klar zu werden, ob Zorn ein ernsthaftes Problem in Ihrem Leben darstellt, können Sie sich mit der nachfolgenden Checkliste selbst testen.

Zorn Checkliste

Ist Zorn für Sie ein ernsthaftes Problem? Wenn Sie sich nicht sicher sind, sehen Sie sich die folgende Liste mit Aussagen an und entscheiden Sie, inwiefern diese Aussagen auf Sie zutreffen.

Wertung: niemals = 0; selten = 1; manchmal = 2; oft = 3

Aussage	**Bewertung**
1. Ich finde es schwer, jemandem, der mich verletzt hat, zu vergeben.	
2. Ich vergebe, aber ich vergesse nicht.	
3. Wenn ich kritisiert werde, dann denke ich sofort darüber nach, wie ich mich verteidigen kann, und höre gar nicht mehr richtig zu, was gesagt wird.	
4. In einer Diskussion werde ich schnell laut oder gebe meiner Stimme mehr Nachdruck.	
5. Ich bin heute schneller frustriert als früher.	
6. Ich bin ungeduldig.	
7. Ich kritisiere oder richte andere.	
8. Ich vermeide spannungsreiche Situationen.	
9. Es frustriert mich, wenn andere von ihren Problemen berichten und ich den Eindruck habe, dass ihre Probleme weniger schwerwiegend sind als meine.	
10. Ich fühle mich innerlich verletzt oder betroffen, wenn die Menschen um mich herum nicht auf meine Bedürfnisse eingehen.	
11. Ich muss an negative Dinge, die mir widerfahren sind, immer wieder denken.	
12. Ich hab das Gefühl, dass Menschen mich ausgrenzen niemand hört mir zu.	
13. Ich habe Auseinandersetzungen mit Freunden und Familie.	
14. Ich habe das dringende Bedürfnis, zu gewinnen – ich muss immer obenauf sein.	
15. Wenn ich wütend bin, dann schlage ich Türen, werfe mit Gegenständen, schreie Leute an und verwende Kraftausdrücke.	

Auswertung

- Ein Wert von über 20 ist ein Hinweis darauf, dass es noch unverarbeiteten Ärger in Ihrem Leben gibt.
- Eine Wert über 30 ist ein Hinweis darauf, dass Sie ein ernst zu nehmendes Problem mit Zorn haben.
- Für jeden Punkt bei dem Sie eine 3 eingetragen haben, bitten Sie Gott, Ihnen zu zeigen, wo die Ursachen für Ihre Gefühle bzw. Ihr Verhalten liegen.

Kapitel 7

Wie kann ich meinen Zorn in einer gottgemäßen Weise Ausdruck geben?

Die Bibel räumt ein, dass Zorn unter bestimmten Umständen gerechtfertigt sein kann, aber sie warnt uns zugleich, nicht zu sündigen, wenn wir zornig werden. Viele Menschen, die uns um Hilfe bitten, wissen, dass es heilsam für ihre seelischen Verletzungen und Schmerzen ist, wenn sie weinen; sie haben aber kaum eine Ahnung, was sie mit ihrem Zorn machen sollen. In Kapitel 6 haben wir schon einige nicht gottgemäße Wege betrachtet, wie wir mit unserem Zorn umgehen. Aber oft werden wir gefragt: „Wie kann ich meinen Zorn denn auf eine Weise ausdrücken, die Gott gutheißt?" In diesem Kapitel werden wir uns einige dieser Möglichkeiten ansehen.

Darüber reden

Heilung beginnt oft da, wo Sie Ihre Gedanken und Gefühle in Gegenwart eines anderen Menschen, der Ihnen zuhört und Sie versteht, in Worte fassen können. Es hilft Ihnen, sich über Ihre eigenen Emotionen und Reaktionen klar zu werden, und das, was Sie erlebt haben, irgendwie einzuordnen. Ganz besonders wichtig ist das, wenn es Ihnen als Kind nicht erlaubt war, ihren Gefühlen Ausdruck zu geben.

Heilung beginnt oft dort, wo wir unsere Gefühle in Worte fassen.

Annettes Bericht verdeutlicht dieses wichtige Prinzip sehr gut. Sie schreibt:

> *„Dieses Seminar über Zorn war genau das, was ich hören musste. Ich ging mit ziemlich ängstlichen Gefühlen in dieses Seminar, denn bis dahin gehörten Zorn und Gewalt für mich zwangsläufig zusammen. Wie überrascht war ich dann zu sehen, wie ruhig und vorsichtig Gott und die Referenten sich verhielten. Für mich war es eine Offenbarung zu erkennen, dass ich innerlich ein zorniger Mensch war. All die Jahre hatte ich das unterdrückt und gut verborgen gehalten. Aber mit der Hilfe und Erlaubnis Gottes habe ich nun angefangen, mich davon zu lösen. Was für eine Befreiung! Zum ersten Mal hatte ich das Gefühl, dass mir jemand wirklich zuhört. Die Seelsorger haben wirklich verstehen wollen, was ich zu sagen hatte und haben nie versucht, mich unter Druck zu setzen. Im Gegenteil, sie haben mir geraten, mir Zeit zu lassen und mich ermutigt, über alles zu reden. Ich danke Gott für diese Menschen und ihr Mitgefühl."*

Dazu eine kurze Anmerkung für diejenigen, die versuchen, anderen Menschen seelsorgerlich zu helfen: Als Zuhörer müssen wir auf das eingehen, was gesagt wird und versuchen, es wirklich zu verstehen. Reflektieren Sie der betreffenden Person, was sie gesagt hat. „Sie waren also wütend, als Ihre Mutter..." Solche reflektierenden Rückmeldungen helfen, die Gefühle, die diese Person bewegen, klarer zu machen.

Wenn der Zorn eines Menschen angemessen und gerechtfertigt erscheint, dann sollte der Zuhörer denjenigen, der seine Geschichte erzählt, auch darin bestätigen. „Jawohl, Sie hatten jedes Recht über das, was Ihnen angetan wurde, zornig zu sein. Es war eine Sünde und auch Gott war zornig darüber." Allzu oft sind zornige Gefühle mit Verwirrung und Schuldgefühlen verbunden. Für solche Menschen ist es ist eine heilsame Erfahrung, wenn ihnen jemand sagt, dass ihre Gefühle ganz in Ordnung und keine Sünde sind, dass sie keinesfalls „schlechte Christen" sind, weil sie diese Gefühle haben.

Sarahs Mutter hat oft gesagt, „Wie es mir geht, interessiert ja sowieso keinen, aber eines Tages werde ich tot sein und dann wird es dir leid tun." Sarah war damals wütend auf ihre Mutter, weil sie so etwas sagte, aber zugleich fühlte sie sich schuldig und empfand sich selbst als lieblos ihrer Mutter gegenüber. Als wir ihr dienten, konnte sie sich eingestehen, dass sie wütend auf ihre Mutter war, fügte aber gleich hinzu „Aber das war falsch, nicht wahr?" Sarah war sehr überrascht, als wir ihr sagten „Keineswegs, Ihr Ärger war sehr verständlich und in Ordnung." Zum ersten Mal wurde ihr klar, dass Gott sie nicht verurteilte, weil sie zornig war über die Manipulationsversuche und die ungerechtfertigten Anklagen ihrer Mutter.

Sabine war zornig, weil eine Freundin, der sie helfen wollte, sich die Handgelenke mit einer Glasscherbe aufgeschnitten hatte und ins Krankenhaus gebracht werden musste. Das empfand sie als persönliche Ablehnung, und sie blieb zugleich mit dem Schuldgefühl zurück, nicht genug getan zu haben, um ihrer Freundin zu helfen. Sabine war erleichtert, als wir ihr sagten, dass es ganz normal ist, wenn man in solchen Situationen Zorn empfindet und dass dieser Zorn keine Sünde ist.

Doch auch wenn Menschen uns von Zorngefühlen berichten, die nicht gerechtfertigt sind, ist es für uns als Zuhörer wichtig, sehr behutsam und mit Weisheit damit umzugehen. Wir sollten versuchen, zuerst alle Aspekte der Situation zu verstehen, bevor wir uns dazu äußern. Wenn jemand sich uns anvertraut, wird es in den meisten Fällen um eine Mischung aus gerechtfertigtem und ungerechtfertigtem Zorn und dem daraus resultierenden Verhalten gehen. Wenn wir diesen Menschen helfen zu erkennen, bis zu welchem Grad ihr Zorn gerechtfertigt war und damit ihre Verwirrung etwas auflösen – dann sind sie oft auch bereit, den ungerechtfertigten Anteil an ihrem Zorn mit allen seinen Folgen zu sehen. Daraus erwächst die Einsicht, umzukehren.

Es ist nicht unsere Aufgabe, zu richten oder zu verdammen, vielmehr sollen wir dem Menschen helfen, offen für die Überführung durch den Heiligen Geist zu werden. Eine Frage wie „Was denken Sie, wie Gott diese Sache sieht?" schafft Raum für Reaktionen wie „Ich denke, er war auch zornig", oder „Ich denke, die Art, wie ich reagiert habe, hat ihm nicht gefallen".

Es aufschreiben

Manche Menschen empfinden es als hilfreich, ihre Gefühle schriftlich auszudrücken. Schon oft haben wir Menschen ermutigt, Gott einen Brief zu schreiben und ihm darin zu sagen, wie sie sich fühlten. Das kann besonders dann hilfreich sein, wenn die betreffende Person tief in ihrem Innersten auf Gott selbst zornig ist. Es ist in jedem Fall eine gute Idee, die Fragen, die innerlich an uns genagt und sich als Blockade für unsere Heilung erwiesen haben, einmal aufzuschreiben. Wir denken da an Fragen wie „Wo warst du in alledem, Gott?", oder „Warum hast du nichts dagegen unternommen?" Wenn solche Fragen einmal in Worte gefasst werden, kann allein das schon zur Heilung beitragen.

David sagte Gott ehrlich, was er fühlte, aber er entschied sich auch immer wieder, ihm zu vertrauen.

Darin folgen wir Davids Vorbild in den Psalmen. Wir sehen, dass er seine Gefühle, ja sogar seinen Groll, seinen Zorn und seine Enttäuschung ehrlich vor Gott ausbreitete. Doch nachdem er das getan hatte, sehen wir, dass er im nächsten Atemzug Gott lobt und sich entscheidet, ihm weiter zu vertrauen.

Es hinausschreien

Wenn Menschen Sünde erlebt haben und nicht die Möglichkeit hatten, ihren Gefühlen Ausdruck zu geben, dann kann ein inneres Bedürfnis bestehen, gehört zu werden. Das kann ganz besonders der Fall sein, wenn sie als Kinder versucht haben, anderen zu erzählen, was mit ihnen geschehen ist, und sie dann dafür bestraft wurden oder niemand ihnen geglaubt hat. Dieses Bedürfnis zielt dann nicht nur darauf, einfach zu sagen, dass man zornig ist, sondern man möchte es in die ganze Welt hinausschreien. Ein Teil von ihnen möchte dringend gehört werden. Wir haben erlebt, dass Menschen oft ein tiefes Gefühl der Befreiung und Erleichterung erfahren, wenn ihnen Gelegenheit gegeben wird, das zu tun.

Der Zorn ist eingefroren.

Manchmal wissen Menschen einfach nicht, wie sie das, was sie innerlich fühlen, mit Worten ausdrücken sollen. Wahrscheinlich kennt jeder von uns diese Momente tiefster Frustration, wo unser ganzes Inneres sich verkrampft und wir Sätze sagen wie: „Ich könnte mir die Haare ausraufen", oder „Ich möchte am liebsten schreien". Es gibt Menschen, bei denen aufgrund einer früheren Erfahrung intensiver Zorn in ihrem Inneren wie eingefroren ist. Dieser Zorn muss sich möglicherweise erst einmal in einem Schrei entladen.

Susan sagte uns: „Ich weiß, dass ich hätte schreien müssen, aber das ist einfach nicht meine Art. Als Kind wurde mir beigebracht, still zu sein. Ich hatte aber diesen dicken Kloß im Bauch und wollte damit nicht wieder nach Hause fahren. Zusammen mit einem Mitglied des Teams stand ich einmal am Kanal und warf Kastanien hinein. Das half irgendwie, den Schrei in mir zu lösen. Es war so eine ungeheure Erleichterung. Ich fühle mich verändert."

Wenn Sie in einer Wohnung leben, dann ist es vielleicht nicht so ohne weiteres möglich, einfach zu schreien, ohne dass wohlmeinende Nachbarn gleich die Polizei benachrichtigen oder sich fragen, ob sie vielleicht die nächstgelegene Psychiatrie anrufen sollen. Wenn Menschen das Bedürfnis haben, ihrem Zorn auf diese Weise Luft zu machen, geben wir manchmal den Rat, ein Kissen oder Sofapolster vor ihr Gesicht zu halten und dann hinein zu schreien. Bei anderen Gelegenheiten haben wir den Rat gegeben, in die Berge oder auf die Felder hinauszufahren, wo sie alleine sind und ihren Zorn heraus lassen können.

Kreativität

Manche Menschen können ihrem Schmerz und ihrem Zorn durch kreative Tätigkeiten Ausdruck geben, wie z.B. Malen. Sie finden vielleicht nicht die richtigen Worte, aber indem sie sich durch die Farbe ausdrücken, kommen sie mit ihren innersten Empfindungen in Berührung. Das kann besonders für Menschen hilfreich sein, die eine Vielzahl von Gefühlen gleichzeitig erleben.

Karin malte ein Bild ihrer Kindheit, indem sie einen breiten Streifen grauer Farbe auftrug, auf den sie die Worte „düster, Schwäche, dumm, mangelhaft und minderwertig" schrieb. Denn übersäte sie diesen grauen Streifen mit Tropfen roter Farbe. Das Rot der Farbe stand für Zorn. Das war sie, die viele Jahre lang mit dem Fuß aufgestampft hatte und zornig war über alles das, was ihr angetan wurde.

Körperliche Aktivität

Wenn wir zornig sind, verkrampft sich unser ganzer Körper. Der Puls beschleunigt sich und der Blutdruck steigt. Hier kann körperliche Aktivität helfen, die Spannungen wieder abzubauen. Vielen Menschen haben ihrem Zorn in einer nicht gottgemäßen Weise Ausdruck gegeben, indem sie Gegenstände warfen oder etwas kaputt machten, was sie dann später bereuten. Aber es gibt Wege, unseren Zorn mit Einsatz unseres Körpers zu überwinden, ohne uns selbst oder anderen weh zu tun und ohne dabei etwas zu zerstören.

> *Es gibt Wege, unseren Zorn mit Einsatz unseres Körpers zu überwinden, ohne dabei Schaden anzurichten.*

In Ellel Grange haben wir einen Baum, den wir liebevoll unseren „Zornbaum" nennen. Es handelt sich um einen Mammutbaum mit sehr weicher Rinde, der von großen Rhododendronbüschen umgeben ist, die ihn vom Rest des Gartens abschirmen. Man kann ziemlich fest gegen den Stamm dieses Baumes schlagen, ohne sich selbst oder dem Baum Schaden zuzufügen. Und so hat dieser Baum im Laufe der Jahre schon viele Menschen gesehen, die ihrem Zorn Luft gemacht haben.

Wir drückten Daniela einen Stock in die Hand und dann hat sie es diesem Baum wirklich gegeben! Sie verprügelte den Stamm regelrecht mit ihrem Stock und dabei ließ sie all den Zorn heraus über das, was ihr Vater ihr als Kind angetan hatte. Am nächsten Tag sagte sie uns, dass ihr jeder Muskel im Körper weh tat, aber „Das war es wert!"

In Ellel Grange haben wir einen großen Holzstoß, wo wir das Holz aufbewahren, dass wir während der Wintermonate im offenen Kamin verbrennen. Manchen Menschen hilft es, Zorn abzubauen, wenn sie diese Holzscheite nehmen und sie einen nach dem anderen oben auf den Holzstoß werfen. Auch Holz hacken kann ein guter Weg sein, Zorn abzureagieren.

Wieder andere haben ihrem Zorn Luft gemacht, indem sie Steine über einen See springen lassen oder indem sie Kiesel ins Meer werfen. Ein Mitglied unseres Teams hat für ihren Enkel große Bausteine aus Schaumstoff gekauft. Nebenbei entdeckte sie, dass es sehr erleichternd sein kann, mit diesen Schaumstoffsteinen um sich zu werfen, ohne dass dabei Schaden entsteht.

Ein weiterer ungefährlicher Weg, Spannung und Ärger schadenfrei abzubauen, ist, mit einem nassen Handtuch auf den Türpfosten einzuschlagen. Und so gibt es noch viele andere Wege, wie wir auf körperliche Weise unseren Zorn abbauen können: Squash spielen, spazieren gehen, Teig kneten oder den Garten umgraben. Früher haben Menschen zum Beispiel oft ihren Zorn abreagiert und Spannungen abgebaut, indem sie die Treppe schrubbten oder den Teppich auf der Teppichstange ordentlich ausklopften.

Wir machen den Menschen Mut, ihre zornigen Gefühle auch auszudrücken.

Auch kann es helfen, auf Kissen, Matratzen oder die Lehne eines Sessels einzuschlagen, um Zorn abzubauen. Wenn Sie das tun wollen, empfehlen wir Ihnen, dabei auf dem Boden zu knien und Ihre Ellbogen auf dem Sessel oder Bett abzustützen. Lassen Sie einfach raus, wie Sie sich fühlen und machen Sie Ihrem Zorn Luft. Wir wussten gar nicht, wie viel Staub im Polster eines Sessels stecken konnte – bis wir eine junge Dame sahen, die, als der lange vergrabene Zorn über den erlebten Missbrauch herauskam, darauf einschlug.

Ein altes Telefonbuch zu zerreißen, das kann auch sehr hilfreich sein. Reißen Sie einfach Seite für Seite heraus, zerreißen Sie die Seiten noch einmal und noch einmal, oder zerknüllen Sie sie einfach. Und scheren Sie sich bloß nicht um die Unordnung, die Sie dabei verursachen.

Die Pumpe ansaugen

Wenn Menschen ihren Zorn lange geleugnet oder verdrängt haben, dann kann es zunächst einmal notwendig sein, wie wir sagen, „die Pumpe anzusaugen". Manchmal merken wir Menschen ganz deutlich an, dass sie mit irgendeiner großen Ungerechtigkeit oder mit Missbrauch, der ihnen Jahre zuvor angetan wurde, zu kämpfen haben. Wenn wir dann darüber reden, sehen wir auch, wie der Zorn fast herauskommt. Aber eben nur fast. Wir hören dann oft, der Zorn sitze zu tief oder sei zu mächtig, so dass diese Menschen Angst haben, sie könnten völlig die Beherrschung verlieren, wenn sie ihn zulassen. Das ist ihnen natürlich unter Umständen ziemlich unangenehm. Um ihnen zu helfen, machen wir ihnen dann schon mal vor, wie man seinen Zorn auf unbedenkliche Weise herauslassen kann.

> *Manchmal haben Menschen Angst, ihren Zorn herauszulassen, weil sie fürchten, sie könnten dann völlig die Beherrschung verlieren.*

Zu Anfang knien wir uns dann einfach neben sie vor das Sofa, oder beginnen damit, die Seiten aus einem Telefonbuch zu reißen und sagen dabei deutlich, wie wütend wir über das sind, was ihnen angetan wurde. Wir sagen, dass es uns total wütend macht, wie man mit ihnen geredet hat. Und wir sagen, wie zornig wir auf Satan sind, weil er diese Verletzungen und diesen Schmerz in ihr Leben gebracht hat.

Zugleich ermutigen wir sie, ihre eigenen Gefühle zunächst einmal nur auszusprechen. Damit versuchen wir, ihnen zu helfen, ihre Emotionen wirklich zum Ausdruck zu bringen. Das hat jedoch nichts mit manchen weltlichen Therapien zu tun, in denen Menschen aufgefordert werden, sich vorzustellen, dass die Polster oder Kissen die Menschen seien, die ihnen weh getan haben, und ihren Zorn dann stellvertretend an diesen auszulassen. Unserer Ansicht nach schürt so etwas nur den Hass auf die Menschen, die sie verletzt haben.

Um wirklich Heilung zu erfahren, müssen die Menschen an einen Punkt kommen, wo sie in der Lage sind, denen, die sie verletzt haben, zu vergeben. Gott möchte nicht, dass wir andere Menschen hassen, aber wir können sehr wohl hassen, was der Feind durch diese Menschen angerichtet hat. Wir versuchen, den Menschen zu helfen, ihren Zorn mehr auf die Sünde als auf den Sünder zu richten. Wenn Sätze wie „Ich hasse dich, Onkel..." fallen, dann versuchen wir das vorsichtig zu korrigieren, indem wir stattdessen anbieten zu sagen „Ich hasse, wozu du mich gezwungen hast...“, oder „Ich hasse das, was du über mich gesagt hast...“.

Den Zorn herauszulassen sollte nicht als das letztendliche Ziel angesehen werden, sondern ist lediglich ein Schritt auf dem Weg zur Heilung. Gewöhnlich ist der Zorn ohnehin nur eine abgeleitete, zweitrangige Emotion, die sich über die Verletzungen, die Ablehnung, die Schuld und die Scham gelegt hat. Der junge Mann, der den Sessel durch die Eingangshalle von Ellel Grange geworfen hat, drückte seinen Zorn aus (wenn auch in einer nicht gottgemäßen Weise), aber danach kamen der Schmerz und die Verletzungen, die unter dem Zorn verborgen lagen, zum Vorschein. Ähnliches geschieht auch, wenn Menschen ihren Zorn in einer gottgemäßen Weise ausdrücken. Wenn der Zorn erst einmal zur Ruhe gekommen ist, dann kommen oft diese anderen Emotionen zum Vorschein. Wenn ein Mensch mit diesen Gefühlen in Berührung kam und sich ihnen gestellt hat, dann ist es an der Zeit, Gott zu bitten, im Hinblick auf die Situationen und Ereignisse, die die Ursache für den Zorn gewesen waren, Trost und Heilung zu bringen.

Ein wichtiger Teil des Heilungsprozesses ist es, die Bedeutung des Dämonischen im Leben von Menschen, die ein Problem mit Zorn haben, zu verstehen. Im nächsten Kapitel werden wir uns nun diesem oft missverstandenen Thema widmen.

Kapitel 8

Herr, warum befreist du mich nicht von meinem Zorn?

Zorn ist eine so mächtige Gefühlsregung, dass wir leicht davon verzerrt werden können. Was wir sagen und tun, geschieht völlig spontan und unser bewusster Wille ist dabei praktisch ausgeschaltet. Nach einem Zornausbruch kommt es häufig vor, dass wir unser Verhalten bedauern, wir möchten uns entschuldigen und schämen uns. Aber wir können auch nicht sagen, dass wir uns bewusst entschieden haben, so zu reagieren. Es passierte einfach.

Befreiung von dämonischen Mächten: Ein Teil der Lösung

Wir schauen auf solche Vorkommnisse in unserem Leben zurück und können aufrichtig sagen: „Ich weiß nicht, was in mich gefahren war, dass ich so etwas tun konnte", oder „Etwas in mir hat einfach die Kontrolle übernommen." Solch ein Verhalten, das dem Charakter Gottes ganz und gar entgegensteht, trägt eindeutig das Siegel des Feindes unserer Seelen, auch wenn es durch unseren Zorn ausgelöst und genährt wurde. Der junge Mann zum Beispiel, der den Referenten beim Heilungsseminar erwürgen wollte, war von mehr als nur seinen Verletzungen und seinem Schmerz getrieben, und war hinterher selbst über sein Verhalten schockiert. Bei solchen Gelegenheiten sind oft dämonische Mächte am Werk. Sie benutzen Verletzungen in unseren Emotionen und treiben uns in einer Weise an, die wir selbst gar nicht richtig verstehen.

> *Ich weiß nicht, was in mich gefahren war, dass ich so etwas tun konnte.*

Wir schreien vielleicht zu Gott, „Herr, warum befreist du mich nicht von meinem Zorn?“ Und solch ein Gebet ist ganz bestimmt ein ehrlicher, ernst gemeinter Schrei um Hilfe. Wir wissen, dass wir ein Problem haben, aber wir wissen nicht, wie wir damit fertig werden sollen. Wir sehen, dass unser Zorn unsere Ehe zerstört und die Person verletzt, die wir am meisten lieben. Unser Ehepartner liebt uns, ist aber selbst am Ende seiner Kräfte und seiner Geduld angekommen. Der Schmerz einer Trennung und Scheidung scheint immer noch erträglicher zu sein als der Schmerz der Ablehnung und Erniedrigung, den unser Zorn immer wieder verursacht.

Für manche Menschen kann Befreiung von dämonischen Einflüssen Teil der Lösung ihres Problems sein. Jesus ist schließlich gekommen, um die Gefangenen zu befreien. Er kam, um das Werk des Feindes in unserem Leben zu zerstören (Apostelgeschichte 10,38). Er kam, um uns aus der Sklaverei der Sünde zu befreien. Die Freiheit und Erlösung, die Jesus brachte, gilt gerade auch für jene, die durch Verhaltensprobleme, die ihr ganzes Leben bestimmen, gebunden sind.

Trotzdem sollten wir nicht, weil wir in unserem Zorn die Kontrolle verloren, gleich annehmen, dass unsere Probleme allein dämonische Ursachen haben. Wenn wir sagen „Etwas hat von mir Besitz ergriffen – ich brauche Befreiung“, kann das auch dazu dienen, unsere Verantwortung für das was geschehen ist, abzuschieben. Dann mag das Gebet „Herr, warum befreist du mich nicht von meinem Zorn?“ nicht so sehr ein Schrei um Hilfe sein, als eine schwache Entschuldigung für das, was wir getan haben. Es ist dann der Versuch, die Verantwortung abzuschieben, und im Grunde zu sagen, dass ich dieses Problem nur deshalb immer noch habe, weil Gott mir nicht zu Hilfe gekommen ist.

Menschen, die ein Problem mit Zorn haben, suchen manchmal einfach nach einer schnellen Lösung. So wie ein kleiner Imbiss oder ein Schokoriegel zwischen den Mahlzeiten sie schnell von ihrem Hunger befreit. So wie eine Schmerztablette meistens sehr schnell ihre Kopfschmerzen beseitigt. Eine ähnlich schnell wirkende Lösung suchen sie auch für die Probleme, die ihnen der Zorn bereitet.

Und es wäre ja in der Tat wunderbar, wenn es so eine Instantlösung für die Probleme mit unserem Zorn gäbe. Es wäre fantastisch, wenn sich unsere Schwierigkeiten, unseren Zorn zu beherrschen, nach einem kurzen Gebet um Befreiung einfach in Luft auflösen würden. Nun besteht für einige von uns die „gute Nachricht" in der Tat darin, dass Befreiung von dämonischen Einflüssen Teil der Lösung ihres Problems sein kann. Dass sie nicht in der Lage sind, ihren Zorn zu beherrschen und zu überwinden, mag wirklich daher kommen, dass sie noch nicht in Betracht gezogen haben, dass sie Befreiung brauchen.

> *Für einige besteht die „gute Nachricht" in der Tat darin, dass Befreiung Teil der Lösung ihres Problems sein kann.*

Im Anschluss an ein Heilungsseminar schrieb uns Ralf:

> *„Ich muss Ihnen mitteilen, dass die Heilung, die ich auf dem Seminar erfahren habe, einfach wunderbar ist. Während ich nach Hause fuhr, wollte ich einfach nur meine Hände in Anbetung zum Himmel heben. Gott hat in so kurzer Zeit so viel für mich getan. Es ist phänomenal, wie viel in meinem geistlichen Leben wieder in Ordnung gebracht wurde. Meine Depression ist fast verschwunden und ich bin dabei, die Antidepressiva abzusetzen. Meine Neigung zum Zorn hat enorm nachgelassen. Gleichzeitig hat meine Fähigkeit zu lieben und anderen gegenüber tolerant zu sein, stark zugenommen."*

Die „nicht so gute Nachricht" ist, dass Befreiung selten die ganze Lösung des Problems darstellt. Wir müssen schon bereit sein, uns auch mit den anderen Aspekten auseinanderzusetzen. Das mag schwierig und schmerzhaft erscheinen, aber so lange wir nicht bereit sind, bewusste Anstrengungen zu unternehmen und mit dem Wirken Gottes in unserem Leben zusammen zu arbeiten, werden wir keinen Sieg erleben und stattdessen an unseren Zorn gebunden bleiben.

Aber wir wollen noch ein wenig mehr auf die Bedeutung des Dämonischen eingehen. Zunächst geht es darum zu verstehen, wie der Feind Einfluss in unserem Leben gewinnen kann. Was meinen wir mit „Einfluss"? In seinem Brief an die Epheser warnt uns Paulus, *„Zürnet, und sündigt dabei nicht! ... und gebt dem Teufel keinen Raum!"* (Epheser 4,26 – 27)

Dem Teufel Raum geben

Aus diesen Worten von Paulus können wir einige wichtige Lektionen lernen. Zunächst einmal sagt er hier, dass der Teufel Raum, oder mit anderen Worten, Einfluss in unserem Leben gewinnen kann. Beachten wir: Paulus schreibt hier an Christen und sagt, dass ihnen als Christen das passieren kann. Das griechische Wort, das hier mit „Raum" übersetzt wird, lautet *topos* und bezeichnet in der Tat einen Raum oder Ort im physischen Universum. Wenn der Feind Raum bekommen hat, dann ist das Dämonische in der Lage, in jenen Bereichen, wo ihm Rechte und Einfluss eingeräumt wurden, etwas von seiner eigenen Natur auszuleben. Wenn das geschieht, sprechen wir davon, dass die betreffende Person einen Dämon hat oder dämonisiert ist.

In der Bibel bedeutet das griechische Wort *daimonizomai* wörtlich so viel wie „einen Dämon haben" oder „von einem Dämon kontrolliert werden". Einige Bibelübersetzungen schreiben hier aber fälschlicherweise „von Dämonen besessen". Daher rührt dann logischerweise die Frage vieler Christen „Kann ein Christ von einem Dämon besessen sein – ich gehöre doch zu Jesus?" Und in dem Sinn, dass Besessenheit einen echten Besitzanspruch ausdrückt, stimmen wir vollkommen damit überein, dass jeder Christ Jesus gehört und daher nicht von einem Dämon besessen, d. h. ihm gehören kann.

Dennoch kann ein Christ gerettet oder wiedergeboren sein und trotzdem einem Dämon Raum geben, solange der Feind noch nicht gewaltsam vertrieben worden ist. Wir vergleichen das gern mit dem Kauf eines Hauses. Nach Abschluss des Kaufes nimmt der neue Eigentümer das Haus in Besitz, trotzdem kann es in dem Haus noch Bereiche geben, in denen Schimmel oder Holzwurmbefall vorhanden sind, die erst beseitigt werden müssen. Genauso nimmt uns unser neuer Eigentümer, Gott, bei der Bekehrung in Besitz. Wir sind „mit einem Preis erkauft", müssen dann aber noch von allem gereinigt werden, das zuvor Anrechte in unserem Leben hatte.

> *Man kann das mit einem versteckten Feind vergleichen, der von innen heraus gegen die betreffende Person kämpft.*

An welchen Anzeichen können wir nun ablesen, ob möglicherweise ein Dämon am Werk ist? Wenn ein Mensch einen Dämon hat, dann ist das, als ob ein versteckter Feind von innen heraus gegen diesen Menschen kämpft. Anzeichen für dämonisches Wirken sind möglicherweise eine starke Versuchung, mit der der betreffende Mensch fortlaufend zu kämpfen hat, oder ein sündhaftes Verhaltensmuster, von dem er gerne loskommen möchte. Manchmal sind es aber auch einfach nur Gedanken und Gefühle, die diesen Menschen daran hindern, ein Leben in Fülle zu genießen.

Wenn Menschen unnötigerweise und unangemessen mit Zorn reagieren, wenn sie auf ihr sündhaftes Verhalten angesprochen werden, dann ist das oft ein Zeichen dafür, dass der Feind in ihrem Leben am Werk ist. In Lukas 4 lesen wir, wie Jesus in seiner Heimatstadt in die Synagoge ging und die Menschen dort auf eine Weise konfrontierte, dass offenbar wurde, wie sie zu ihm standen.

Darauf reagierten sie mit unbändigem Zorn und versuchten, ihn über den Rand einer Klippe zu stürzen (Lukas 4,29). Jesus stellte für diese Leute eine Herausforderung dar, der Feind knüpfte an deren emotionale Reaktion an und brachte sie dazu, dass sie ihn sogar umbringen wollten.

Einflussmöglichkeiten des Feindes, die durch Sünde entstehen

Die zweite wichtige Schlussfolgerung, die wir aus Epheser 4, 26-27 ziehen können, ist, dass Sünde in unserem Leben Einflussmöglichkeiten für das Dämonische schaffen kann. Paulus schreibt, *„sündigt nicht ... gebt dem Teufel keinen Raum.“* In der Schrift finden wir sehr deutlich einen Zusammenhang zwischen Sünde oder Handlungen, die außerhalb von Gottes Willen für unser Leben liegen einerseits, und möglichen dämonischen Konsequenzen daraus andererseits.

So gibt es drei Wege, auf denen der Feind Raum oder Einfluss in unserem Leben gewinnen kann: durch unsere eigene Sünde, durch Sünden, die andere gegen uns begehen und durch die Sünden unserer Vorfahren.

Anrechte des Feindes durch unsere eigene Sünde

Wenn wir uns bewusst entscheiden, uns außerhalb von Gottes Schutz zu begeben und das Territorium des Feindes zu betreten, dann können dämonische Mächte Einfluss auf unser Leben nehmen. Man kann das mit einem Menschen vergleichen, der unter dem Schutz eines Regenschirms durch den Regen geht. Begibt er sich aus dem Schutz des Regenschirms hinaus, wird er zwangsläufig nass. Der Regenschirm steht hier für Gottes Schutz. Wenn wir sündigen, verlassen wir diesen Schutz. In 1. Mose 4 lesen wir, dass Gott Kain vor den Folgen seines Zornes warnte. Denn Kain war eifersüchtig, dass das Opfer Abels für Gott angenehmer war als sein eigenes. Er war zornig auf seinen Bruder und zornig auf Gott. Darauf sagte Gott ihm, dass die Sünde vor seiner Tür lauerte. Doch statt seinen Ärger irgendwie zu bewältigen, entschied Kain sich, diesem freiem Lauf zu lassen und ermordete seinen Bruder.

> *„So lauert die Sünde vor der Tür..."*
>
> (1. Mose 4,7 – Luther)

Auch wenn andere gegen uns gesündigt haben, können wir unsererseits mit Sünde darauf reagieren. Angesichts unserer Verletzungen und unseres Schmerzes kann es passieren, dass wir zulassen, dass Bitterkeit, Groll und Hass in uns Raum gewinnen. Wenn wir uns solchen Herzenshaltungen nicht stellen und etwas dagegen unternehmen, dann sind wir in Gefahr, dass der Feind dadurch Einfluss auf unser Leben gewinnt. Paulus sieht auch das sehr deutlich und fordert uns daher auf: *„Die Sonne gehe nicht unter über eurem Zorn."* (Epheser 4,26). Damit ermutigt er uns, auf eine gottgemäße Weise mit den Dingen umzugehen, die unseren Zorn entfacht haben, und nicht zuzulassen, dass sie vor sich hin gären und zu einem Nährboden für den Feind werden.

Anrechte des Feindes durch die Sünde anderer

Doch dämonische Mächte können auch Anrecht an unserem Leben bekommen, wenn andere gegen uns sündigen. Diese Anrechte kann man mit Löchern in dem schützenden Regenschirm vergleichen. Wir haben diese Löcher zwar nicht selbst verursacht, aber wir werden trotzdem nass. Obwohl wir nicht selbst gesündigt haben, sondern das Opfer dessen waren, was andere uns angetan haben, können das Trauma, die Verletzungen und der Schmerz, die wir erfahren haben, für den Feind eine günstige Gelegenheit sein, um einzuhaken.

Thomas wurde von einer Gruppe betrunkener junger Männer angegriffen und brutal zusammengeschlagen. Diese wurden zwar letztlich vor Gericht gestellt, kamen aber mit einer sehr milden Strafe davon. Thomas jedoch war auf Jahre hinaus sowohl emotional als auch körperlich gezeichnet. Innerlich war er voller Zorn, gegen die Männer, die ihn angegriffen hatten, und gegen das Rechtssystem, das ihn so bitter enttäuscht hatte.

Als Folge dieses Angriffs war ein erhebliches Maß an Befreiung notwendig.

Thomas eigene Reaktion gab dem Feind bestimmte Anrechte in seinem Leben. Er musste zunächst von seiner Bitterkeit und mangelnden Vergebungsbereitschaft gegenüber den Tätern umkehren und davon gelöst werden. Als zweites war infolge dieses Angriffs auch ein erhebliches Maß an Befreiung notwendig, da er seit dem Angriff ständig unter massiver Angst und Anspannung litt, die ihn ziemlich krank machte.

Häufig haben wir Frauen gedient, die früher gewalttätige Übergriffe ihrer Ehemänner oder Freunde erlebt hatten. Wie oft schon haben wir gehört, dass diese Männer sie an der Gurgel packten und drohten, sie zu erwürgen. Ein derartiges Trauma kann zu Angst, Ablehnung und Krankheit im Leben des Opfers führen, und auch hier ist als Teil des Heilungsprozesses fast immer ein gewisses Maß an Befreiung notwendig.

Anrechte des Feindes durch die Sünden der Vorfahren

Ein dritter Weg, auf dem dämonische Anrechte in unser Leben hineinkommen können, sind die Sünden unserer Vorfahren. Während es einerseits Gottes Absicht ist, dass durch die Generationen hindurch Segen weitergereicht wird, so dass Gott seine Liebe an Tausenden von Generationen, die ihn lieben und seine Gebote halten, zeigen kann (2. Mose 20,6), so versucht der Feind andererseits, wo immer er eine Gelegenheit bekommt, Schaden und Zerstörung anzurichten. In 2. Mose 20,5 lesen wir, dass die Sünden der Väter an uns bis in die dritte und vierte Generation heimgesucht werden, und aus 5. Mose 23,2 können wir ableiten, dass manche Sünden sogar Auswirkungen bis in die zehnte Generation haben können.

Es hat den Anschein, als ob die Sünde einer Generation eine Art Schaden oder generelle Schwäche erzeugt, der Auswirkungen auf die nachfolgenden Generationen hat. Diese Schwäche scheint den dämonischen Mächten das Recht zu geben, Angehörige nachfolgender Generationen in Bezug auf die gleiche Sünde besonders intensiv zu versuchen. Ein Pastor vertraute uns an, dass er sein ganzes bisheriges Leben mit einer bestimmten Versuchung zu kämpfen gehabt hatte, wenn er ihr auch niemals nachgegeben hatte. Er verstand nicht, warum diese Versuchung so stark sein konnte, bis er von einem Dämon befreit worden war, der von seinen Vorfahren auf ihn gekommen war. „Heute verstehe ich“, sagte er, „dass diese Versuchungen nicht nur von außen, sondern von innen kamen.“

„Heute verstehe ich“, sagte er, „dass diese Versuchungen nicht nur von außen, sondern von innen kamen.“

So kann auch der Zorn in unserem Leben vererbte Wurzeln haben. Zorn und Gewalt können charakteristisch für ganze Familien, Stämme oder sogar ganze Völker sein. Nicht ohne Grund sagen wir bestimmten Volksgruppen oder Familien nach, dass sie besonders heißblütig sind oder zu Zorn und Gewalt neigen. Irrtümlich nehmen wir oft an, dies sei Teil ihrer Persönlichkeit. Tatsächlich sehen wir darin aber die Auswirkungen dessen, was in 2. Mose 20,5 beschrieben steht, dass die Sünden der Väter bis in die dritte und vierte Generation im Leben dieser Menschen heimgesucht werden. Das soll nicht heißen, dass Gott unschuldige Nachkommen für die Sünden ihrer Vorfahren bestraft. Es zeigt vielmehr die weitreichenden Konsequenzen der Sünde, die auch die Kinder nachfolgender Generationen in Mitleidenschaft ziehen kann.

Kinder ahmen das Verhalten von Erwachsenen nach, ganz besonders das ihrer Eltern. Wenn Eltern ihren Zorn einsetzen, um andere Menschen zu kontrollieren und zu beherrschen, dann werden die Kinder dieses Verhaltensmuster mit großer Wahrscheinlichkeit übernehmen. Wenn Kinder beobachten, dass ihre Eltern zornig und gewalttätig gegen einander werden, dann werden sie daraus schließen, dass solches Verhalten in einer Ehe normal und akzeptabel ist. Und so gibt das sündhafte Verhalten, das sie nachahmen, dem Feind Anrechte in ihrem Leben. Das ist einer der Wege, wie die Sünden der Väter an den Kindern heimgesucht werden.

Wenn ein Kind einen Wutanfall hat und die Eltern um des lieben Friedens willen nachgeben, dann bestätigen und verstärken sie dieses Verhaltensmuster bei dem Kind. Das Kind lernt daraus, dass es Erfolg hat, wenn es seinen Zorn einsetzt, um andere zu kontrollieren. Die Sünde bzw. der Mangel an Erziehung, der von den Eltern ausgeht, hat Folgen im Leben des Kindes.

Generell kann man sagen, dass die Wirkung von 2. Mose 20,5 darin besteht, dass Dämonen, die ein Recht hatten, in einer Generation zu wirken, auch die nächste Generation beeinflussen. Viele Menschen, die ein Problem mit Zorn haben, sagen, dass Wut, Zorn und Gewalt auch schon für ihre Eltern, Großeltern und sogar Urgroßeltern ein Problem waren. Oft haben wir schon erleben dürfen, wie Menschen, die sich den durch Generationen überlieferten Anrechten auf ihre Leben (durch angemessene Buße und Vergebung) stellten, eine tiefgehende Befreiung erfuhren.

Zusammenfassung

In Bezug auf unseren Zorn sollten wir in Betracht ziehen, dass der Feind in diesem Bereich möglicherweise Einfluss genommen hat und ein gewisses Maß an Befreiung notwendig sein könnte. Dennoch ist es mit der Befreiung von dämonischen Bindungen allein selten getan. Auch der zu Grunde liegende seelische Schmerz muss behandelt werden. Herzenshaltungen, Denk- und Verhaltensmuster müssen überprüft und womöglich verändert werden. Wenn wir alle Anrechte des Feindes beseitigen wollen, müssen wir die Dinge angehen, auf die der Feind aufbaut und die es ihm ermöglichen, sich zu entfalten.

Gott möchte, dass wir von unseren Problemen mit dem Zorn befreit werden, aber dazu gehört mehr als nur Befreiung von dämonischen Bindungen. Im nächsten Kapitel werden wir uns die Schritte, die zum Heilungsprozess gehören, ansehen.

Kapitel 9

Schritte zur Heilung von Zorn?

Für jeden für uns ist es eine Herausforderung, mit unserem Zorn in einer gottgemäßen Weise umzugehen. Und fast immer gibt es Einflüsse aus der Vergangenheit, die mitbestimmen, wie wir heute mit unserem Zorn umgehen. In diesem Kapitel wollen wir Ihnen einige wichtige Schritte zeigen, die auf dem Weg zu Heilung und umfassendem Wohlergehen notwendig sind. Nicht jeder Schritt gilt unbedingt für jede Situation. Daher ist es wichtig, dass Sie, während Sie diese Zeilen lesen und darüber nachdenken, was sie für Ihr Leben zu sagen haben, den Heiligen Geist bitten, Ihnen zu zeigen, was für Sie von Bedeutung ist.

Schritt 1 – Gestehen Sie sich das Problem ein

Der erste Schritt auf dem Weg, mit Zorn fertig zu werden, ist, dass wir uns zunächst überhaupt eingestehen, dass wir hier ein Problem haben. Die meisten trockenen Alkoholiker sagen, dass sie erst an einen Punkt äußerster Verzweiflung kommen mussten, an dem sie bereit waren, sich und anderen gegenüber einzugestehen, dass sie tatsächlich ein Problem hatten, bevor sie sich in eine Behandlung begeben konnten, die ihnen auch wirklich half. Ähnlich verhält es sich auch beim Zorn. Wir müssen erkennen und eingestehen, dass wir hier ein Problem haben und uns diesem Problem dann stellen.

In unserem Herzen muss der ernsthafte Wunsch vorhanden sein, mit Gott ins Reine zu kommen, koste es was es wolle. Wir brauchen das Verlangen, Jesus zunehmend ähnlicher zu werden. Und wir müssen offen sein für die überführende Kraft des Heiligen Geistes. Wir müssen die Verteidigungsstrategie der Selbstrechtfertigung aufgeben und es Gott gestatten, in unsere Herzen hineinzusprechen, damit er uns zeigen kann, wo unsere Gedanken und unser Verhalten von dem abgewichen sind, was in seinen Augen richtig ist.

In unserem Herzen muss der ernsthafte Wunsch sein, mit Gott ins Reine zu kommen, koste es, was es wolle.

Wir müssen bereit sein, uns anderen gegenüber zu öffnen, was auch heißt, dass wir dadurch verletzlich werden. Wir müssen anderen gestatten, uns von Gott her zu korrigieren. Und natürlich müssen wir dann auch bereit sein, auf Korrektur einzugehen, ohne dass dies unseren Zorn noch mehr anfacht, wenn uns zum Beispiel jemand sagt „Ich denke, Sie sollten sich jetzt erst mal etwas Zeit nehmen, um wieder zur Ruhe zu kommen."

Schritt 2 – Analysieren Sie das Problem

Der zweite Schritt im Umgang mit unserem Problem ist, dass wir versuchen herauszufinden, warum wir überhaupt zornig sind. Das ist in der Hitze des Gefechts nicht immer ganz einfach. Daher sollten wir Gott bitten, uns zu helfen, nicht übereifrig zu reagieren. Wenn wir spüren, das wir zornig werden, müssen wir uns angewöhnen, erst einmal nichts zu sagen und uns zurückzuziehen, um zu untersuchen, warum diese Empfindungen in uns hochkommen und warum wir so reagieren, wie wir reagieren.

Hier sind einige Fragen, die sich bei der Prüfung Ihrer Reaktionen und Ihres Verhaltens als hilfreich erwiesen haben:

1. Was sind die Umstände oder A
   ich zornig werde?
2. Warum werde ich zornig?
   – Fühle ich mich abgelehnt?
   – Fühle ich mich hintergange
   – Fühle ich mich missachtet?
   – Habe ich das Gefühl, dass
   – Habe ich das Gefühl, kontrolliert und dominiert zu werden?
   – Habe ich das Gefühl, dass meine Ziele behindert werden?
3. Ist mein Zorn gerechtfertigt? Ist auch Gott über das zornig, worüber ich zornig bin?
4. Habe ich auf eine Weise reagiert, die nicht dem Charakter Gottes entspricht?
5. Habe ich die Umstände zutreffend bewertet?
6. Spielen Einflüsse aus der Vergangenheit in das gegenwärtige Problem hinein? Fragen Sie sich: „Ist so etwas schon einmal geschehen?"

Denken Sie an das letzte Mal, als Sie zornig waren oder aus Zorn heraus reagiert haben. Gehen Sie mit dieser Erinnerung diese Fragen noch einmal durch, und bitten Sie Gott, Ihnen zu zeigen, was damals geschah, wie Sie sich fühlten und wie Sie sich verhalten haben.

Schritt 3 – Vergeben Sie allen, die Ursache für Ihren Zorn sind

Der vielleicht wichtigste Schritt im Umgang mit den Wurzeln unseres Zorns ist, all jenen zu vergeben, die uns verletzt haben und Anlass für unseren Zorn gaben. Das ist nicht einfach, aber es ist [illegible] esus von uns fordert. So lange wir nicht vergeben, blei- [illegible] an die Vergangenheit gebunden und sind nicht in der Lage [illegible] rzugehen.

So lange wir nicht vergeben, bleiben wir an die Vergangenheit gebunden und sind nicht in der Lage weiterzugehen.

Im Anschluss an das Heilungsseminar, das sie besuchte, schrieb uns Brenda:

> *„Ich hatte zu beiden Elternteilen ein schlechtes Verhältnis und wurde als Kind von meinem Vater missbraucht. Ich kannte nur Ablehnung und wurde daher ein sehr verschlossener Mensch, unfähig, irgendjemandem zu vertrauen. Aggression und Zorn hatte ich unterdrückt. Ich litt unter Phasen schwerer Depression und dachte manchmal an Selbstmord. Willentlich entschied ich mich dann, allen zu vergeben, denen ich etwas zu vergeben hatte, meine Eltern eingeschlossen. Damit begann der emotionale Prozess der Vergebung. Heute kann ich nur sagen: ‚Ehre dem Herrn'. Ich habe mehr Frieden, ich werde nicht mehr so schnell aggressiv oder aufgeregt und ich habe keine Depressionen mehr."*

Zu vergeben heißt nicht, das, was uns angetan wurde, zu bagatellisieren oder stillschweigend hinzunehmen. Und vergeben heißt auch nicht, zu verdrängen oder zu leugnen, welche Gefühle das Geschehene in uns hervorruft. Es ist völlig in Ordnung, über das, was geschehen ist, zornig zu sein und diesem Ärger in einer gottgemäßen Weise Luft zu machen. Vergeben heißt nicht, die Vergangenheit zu vergessen oder auszuradieren. Es geht um vergeben, nicht vergessen. Vergebung kann man vielmehr damit vergleichen, eine schmerzende, eiternde Wunde zu öffnen. Sie ermöglicht, dass das Gift abfließen kann. Womöglich bleibt eine Narbe zurück, aber dieser dauernde Schmerz verschwindet.

Vergebung heißt auch nicht, dass wir der Person, die uns verletzt hat, von da an vertrauen sollen. Diese Person wird sich unser Vertrauen erst wieder verdienen müssen. Vergebung bedeutet auch nicht, die betreffende Person zu begnadigen und damit zu sagen, dass diese Sünde keine Strafe mehr nach sich zieht. In diesem Sinne kann ohnehin nur Gott begnadigen. Doch auch wenn Gott einem Menschen diese Gnade gibt, sagt er damit nicht, dass die Sünde keine Strafe verdient hätte, sondern dass Jesus selbst diese Strafe auf sich genommen hat. Einem anderen zu vergeben heißt, diesem Menschen Gnade entgegen zu bringen, die er nicht verdient hat – so wie Jesus uns Gnade entgegenbrachte, die wir nicht verdient haben. Vergebung bedeutet, Bitterkeit und Groll aus unserem Herzen zu verbannen. Und es bedeutet, den Wunsch nach Rache und Vergeltung aufzugeben. Wenn wir verletzt wurden, dann möchte unsere fleischliche Natur sich das holen, was ihr zusteht – die gerechte Bestrafung der Person, die uns verletzt hat. Wir möchten das Urteil über diesen Menschen sprechen und den Urteilsspruch am liebsten gleich selbst ausführen.

Vergebung bedeutet, den Wunsch nach Rache und Vergeltung aus unserem Herzen zu verbannen.

Vergebung bedeutet, sich nicht mehr das Urteil auszumalen, wie die Strafe für die betreffende Person aussehen sollte. Das ist so, als würden wir den Fall zur Entscheidung an eine hohere Instanz weiterleiten. Wenn wir einen Menschen durch unsere Vergebung frei lassen, dann übergeben wir ihn damit an Gott. Das tun wir in dem Wissen, dass Gott mit diesem Menschen nach Recht und Gerechtigkeit verfahren wird.

Vergebung beginnt mit unserem Willen zur Vergebung. Sie ist zunächst eine Entscheidung. Unsere Gefühle sagen vielleicht noch etwas ganz anderes, aber wir entscheiden uns, unseren Willen mit Gottes Willen für unser Leben in Übereinstimmung zu bringen. Vergebung entspringt einer Herzenshaltung, die mit Gott im Reinen sein möchte. Diese Entscheidung, zu vergeben, ermöglicht den Beginn des Heilungsprozesses.

Wenn wir vergeben, dann müssen wir versuchen, zwischen der Sünde und dem Sünder zu unterscheiden. So können wir unseren Zorn auf das richten, was uns angetan wurde, und nicht auf die Person des Täters. Damit entschuldigen wir den Täter keineswegs, aber diese Unterscheidung wird uns helfen, mit unseren inneren Reaktionen auf das Geschehene besser fertig zu werden.

Wir müssen Jesus bitten, dass er uns hilft, zu vergeben. Unsere menschliche Natur möchte nicht vergeben. Daher müssen wir Jesus bitten, uns an seinem vergebungsbereiten Herzen teilhaben zu lassen. Wir brauchen etwas von dieser Haltung, die Jesus in die Lage versetzte, zu beten: „Vater, vergib ihnen, denn sie wissen nicht, was sie tun." Bitten Sie Jesus, Ihnen zu helfen, die betreffende Person so zu sehen, wie Jesus sie sieht – ein Sünder, für den Jesus bereit war zu sterben. Unsere Bereitschaft zur Vergebung können wir in einem Gebet wie dem folgenden ausdrücken:

> ***Danke, Jesus, dass du dein Leben gegeben hast, damit mir vergeben werden kann. Mit meinem Willen entscheide ich mich, denen zu vergeben, die mich verletzt oder zum Zorn gereizt haben ....*** *(an dieser Stelle sollten Sie die Namen der betreffenden Personen laut aussprechen).* ***Ich entlasse jeden einzelnen dieser Menschen in die Freiheit deiner Vergebung. Im Namen Jesu. Amen.***

Vergebung ist ein Prozess und wir müssen uns immer wieder entscheiden, in diesem Prozess fortzufahren und an der Vergebung festzuhalten. Jedes Mal, wenn wir an den Schmerz oder die Ungerechtigkeit, die wir erfahren haben, erinnert werden, müssen wir uns von neuem entscheiden, den Menschen, die damit zu tun hatten, zu vergeben.

Schritt 4 – Kehren Sie um von jeder nicht gottgemäßen Reaktion, die aus Ihrem Zorn geboren wurde.

Ganz gleich, was andere uns angetan haben, wir sollten darauf auf eine Weise reagieren, die Gottes Charakter entspricht. Das heißt nicht, dass wir nicht zornig werden dürfen, aber es heißt, dass unsere Reaktion mit dem Charakter Gottes in Übereinstimmung sein sollte. Haben wir einmal auf eine Weise reagiert, die nicht gottgemäß ist, dann sollten wir das bekennen und von dieser Haltung umkehren. Bekennen heißt dann, mit Gottes Beurteilung dessen, was wir getan haben, übereinzustimmen. Es heißt, die Verantwortung für das, was wir getan haben, zu übernehmen und nicht anderen die Verantwortung zuzuschieben.

Umkehr heißt nicht, dass wir nicht zornig werden dürfen.

Umzukehren heißt, dass wir uns von den Dingen, die falsch waren, abwenden. Wir sagen Gott damit, dass wir unter vergleichbaren Umständen nicht noch einmal so reagieren wollen. Wenn eine Frau lächelt und ein gewisses Gefühl der Befriedigung erkennen lässt – nachdem sie den Wagen ihres Mannes demoliert hat, weil sie entdeckte, dass er hinter ihrem Rücken eine Affäre hatte – oder wenn sie sagt „Ich würde das jederzeit wieder tun, wenn ich herausfinden würde, dass mein Mann mich betrügt" – dann hat sie noch nicht den Punkt erreicht, an dem man von Umkehr sprechen kann.

Es ist zwar realistisch anzunehmen, dass sie unter ähnlichen Umständen wieder das dringende Bedürfnis haben würde, sein Auto zu demolieren oder vielleicht etwas noch Schlimmeres zu tun. Wirkliche Umkehr bedeutet jedoch, dass sie bereit wäre, solche Empfindungen und den Wunsch nach Vergeltung zu ignorieren. Stattdessen würde sie ihren Willen dafür einsetzen, das zu tun, was Gott gutheißt und nicht für das, was Gott nicht gutheißt.

Das folgende Gebet kann helfen eine solche Sache vor Gott zu bringen:

> ***Vater, ich bekenne dir, dass ich gesündigt habe, weil ich so verletzt worden bin. Ich habe ....*** *(nennen Sie hier ganz konkret falsche Haltungen, Denkmuster oder falsches Verhalten).* ***Ich erkenne meine Sünde und wende mich davon ab, ich kehre um. Ich bitte dich, mir zu vergeben und mich zu reinigen. Im Namen Jesu. Amen.***

Wenn wir Gott für das, was in unserem Leben geschehen ist, angeklagt haben und nun zornig auf Gott sind, dann müssen wir erkennen, dass diese Haltung falsch war. Gott liebt uns und will das Beste für uns. Vielleicht verstehen wir nicht alles, was uns widerfährt, aber wenn wir zornig werden, dann doch bitte auf den Feind unserer Seelen, der sich an den bösen Dingen freut, die uns widerfahren.

Nehmen Sie sich einen Moment Zeit, um zu überlegen, wo Sie wütend auf Gott geworden sind und ihn für Dinge verantwortlich gemacht haben, die Satan oder andere Menschen getan haben. Dieses Gebet kann dabei eine Hilfe sein:

> ***Bitte vergib mir, Herr, dass ich dich für das verantwortlich gemacht habe, was andere mir angetan haben. Ich weiß, dass du auch hasst, was Satan in meinem Leben angerichtet hat. Danke, dass du mich liebst und dass du versprochen hast, mich zu befreien. Amen.***

Infolge der Verletzungen durch andere Menschen haben Sie Ihren Zorn vielleicht nach innen und gegen sich selbst gerichtet. Das geschah womöglich, indem Sie sich selbst Schaden zufügten, oder über Selbstmord nachdachten, oder gar tatsächlich versuchten, sich umzubringen. Solche Gedanken und Handlungen sind letztlich nichts anderes als eine Ablehnung Ihrer selbst. Damit lehnen Sie sich selbst als ein wertvolles und wertgeachtetes Geschöpf Gottes ab.

Wenn Sie diese Haltung zu sich selbst einnehmen, übernehmen Sie im Grunde nur die Arbeit des Teufels für ihn. Sein Ziel ist immer zu stehlen und zu zerstören. Wenn wir also in solch eine Haltung hineingeraten sind, dann sollten wir auch das vor den Herrn bringen, es als Sünde bekennen und davon umkehren. Das können Sie mit einem Gebet wie dem folgenden tun:

> ***Danke, Vater, für mein Leben und dass du mich so geschaffen hast, wie ich bin. Danke, Jesus, dass du mich so sehr liebst, dass du an meiner Stelle gestorben bist, damit ich das Leben haben kann. Ich wende mich nun von jedem Gedanken daran, dass ich sterben möchte, ab und widerrufe meine Übereinkunft mit Satan, die darin bestand, dass ich gewünscht habe, ich wäre tot.***
>
> ***Ich entscheide mich nun für das Leben und nehme Satan jedes Anrecht auf mein Leben weg, das ich ihm durch meine Haltungen und Wünsche eingeräumt hatte. Ich entscheide mich, für Jesus zu leben und ihn in jedem Bereich meines Lebens Herr sein zu lassen. Im Namen Jesu. Amen.***

Schritt 5 – Nicht von Gott gewollte Bindungen zerreißen

Wenn Beziehungen sich negativ entwickeln und in eine Richtung gehen, die nicht Gottes Absicht entspricht, dass wir einander ein Segen sein sollen – dann entstehen Bindungen, die nicht unter Gottes Segen stehen. Solche nichtgöttlichen Bindungen bilden sich in jeder Beziehung, in der die Beteiligten sich entscheiden, gegen Gottes Gebote zu rebellieren oder einer oder beide Beteiligten gegen den anderen sündigen.

Nicht von Gott gewollte Bindungen kann man mit Ketten vergleichen, die uns an andere Menschen binden.

Diese Bindungen kann man mit nicht von Gott gewollten Ketten vergleichen, die uns an die andere Person binden. Es ist, als ob ein Teil unserer Persönlichkeit mit der Persönlichkeit des anderen Menschen verwoben wäre und umgekehrt. Die verletzenden Worte und falschen Handlungen der betreffenden Person können dann wie ein Endlosband in unserem Kopf ablaufen und uns an die Ereignisse der Vergangenheit gebunden halten.

Nachdem wir bekannt haben, dass es falsch war, unserem Zorn auf eine unangemessene Weise Ausdruck zu geben und wir davon umgekehrt sind, und nachdem wir auch all jenen vergeben haben, die uns verletzt haben, ist es noch nötig, jede nicht von Gott gewollte Bindung zu zerbrechen, die daraus entstanden sein mag. Dazu können Sie ein Gebet wie dieses verwenden:

Ich bitte dich, Gott, die nicht von dir gewollte Bindung zwischen mir und .... *(nennen Sie die Namen der betreffenden Personen)* ***zu zerbrechen. Ich bitte dich, dass du diese Verbindung durchtrennst und alles herauslöst und in mir wiederherstellst, was in falscher Weise an ....*** *(nennen Sie auch hier die Namen der betreffenden Personen)* ***gebunden war. Ich bitte dies in Jesu Namen. Amen.***

Schritt 6 – Innere Heilung und Umgang mit Zorn auf eine gottgemäße Weise

In Kapitel 8 haben wir uns angesehen, wie wir Zorn auf eine Weise ausdrücken können, die Gott gutheißt. Oft ist es im Rahmen des Heilungsprozesses angebracht, dazu Gelegenheit zu geben. Und so ist es auch manchmal gut, Gott in einem Gebet bewusst Freiraum zu geben, Befreiung und Heilung für unsere Gefühle zu bringen.

Wir haben die Erfahrung gemacht, dass es gut ist, die Menschen während des Heilungsdienstes zu ermutigen, nicht ängstlich zu sein, sondern Jesus voll und ganz zu vertrauen. Er wird ihnen helfen, sich ihren Gefühlen zu stellen und er ist in der Lage ist, sie damit auf eine Weise zu konfrontieren, die sie ertragen und handhaben können. Das folgende Gebet können wir Ihnen empfehlen, wenn Sie gemerkt haben, dass Sie Ihre Gefühle womöglich verleugnet oder unterdrückt haben. Es legt Ihre Heilung in die Hände von Jesus:

Lieber Vater, ich danke dir für meine Gefühle.

Ich bekenne, dass ich meine Gefühle nicht immer wahrgenommen oder angenommen habe, auch habe ich nicht verstanden, welche Rolle sie in dem spielen, wie du mich gemacht hast. Ich bekenne auch, dass ich meine Gefühle nicht immer zutreffend ausgedrückt habe. Ich habe sie unterdrückt und ignoriert, oder zugelassen, dass sie unkontrolliert die Herrschaft über mich gewannen. Als Folge davon habe ich anderen Menschen weh getan. Bitte vergib mir das.

Ich bekenne dir auch, dass ich meine Gefühle und meinen Zorn manchmal auf eine Weise eingesetzt habe, die du nicht gewollt hast. Ich habe versucht, andere durch mein Verhalten zu kontrollieren und zu manipulieren. Ich will das in Zukunft nicht mehr tun und bitte dich, mir zu vergeben.

Ich bitte dich nun, Vater, mir zu helfen, meine Emotionen und unterdrückten Gefühlsregungen auf eine Weise auszudrücken, die dir gefällt. Ich will mich den Verletzungen und dem Schmerz stellen und öffne mich dafür, dass du Heilung in diese Bereiche meines Lebens bringst.

Ich bitte all dies im Namen von Jesus, meinem Herrn. Amen.

Nachdem Sie dieses Gebet gebetet haben, gestatten Sie Gott, Sie an einen Punkt zu bringen, an dem Sie Ihre Verletzungen, Ihren Schmerz und Ihren Zorn herauslassen können.

Für manche Menschen mag das der wichtigste Schritt auf dem Weg in die Freiheit sein. Für andere mag es auch nötig sein, zuerst einmal etwas von dem nichtabreißenden Schmerzensstrom aus ihrem Inneren heraus zu lassen, bevor sie überhaupt in der Lage sind, zu vergeben. Doch gerade auch in diesem Prozess, in dem wir uns unserem Schmerz stellen und ihn zum Ausdruck bringen, müssen wir fortfahren, denen, die uns verletzt haben, zu vergeben.

Schritt 7 – Auf die Sünden der Vorväter eingehen

Wenn Sie zu der Überzeugung gelangt sind, dass Zorn und Neigung zur Gewalt von Ihren Vorfahren auf Sie vererbt wurden, dann müssen Sie sich dem stellen, in dem Sie Ihren Vorfahren alles das vergeben, was bis heute Einfluss Ihr Leben negativ beeinflusst hat. Und Sie müssen sich von deren sündhaften Taten lossagen. Das kann mit Hilfe von folgendem Gebet geschehen:

> ***Danke, Jesus, dass du mich aus dem Reich der Finsternis gerettet und in dein wunderbares Licht gebracht hast. Du hast mich mit deinem kostbaren Blut erlöst und ich gehöre zu dir. Ich bin von Neuem geboren und gehöre zur Familie Gottes. Du, Jesus, bist mein Herr!***
>
> ***Ich gehöre auch zu einer menschlichen Familie und ich danke dir für diese Familie. Ich weiß aber und bekenne dir, dass ich und meine Vorfahren gesündigt und gegen deine Gebote verstoßen haben. Das geschah in Gedanken, Worten und Taten, und im Besonderen durch ....*** *(nennen Sie nun im Einzelnen die Haltungen, Worte oder Taten)****. Ich vergebe meine Vorfahren alle Konsequenzen ihrer Sünden, die ich in meinem Leben erfahren musste. Gleichzeitig***

übernehme ich die Verantwortung dafür, wo ich ihre Sünden in meinem Leben wiederholt habe. Ich kehre davon um und bitte dich, mir zu vergeben.

Danke, Jesus, dass du mich durch deinen Tod erlöst und von dem Fluch befreit hast, der von einer Generation auf die Nächste wirkt. Ich danke dir auch, dass ich mich in dir von ganzem Herzen entscheiden konnte, mich mit der Familie Gottes zu identifizieren und dass dadurch jede Verheißung und alle Segnungen, die von ihm kommen, mein sind. Im Namen Jesu. Amen.

Danke, Jesus, dass du mich erlöst und von dem Fluch befreit hast, der von einer Generation auf die Nächste wirkt.

Diese Vergebung ist der erste Schritt zur Befreiung von jedem dämonischen Einfluss, der durch familiäre Verbindungen auf Sie gekommen sein mag. In unserem Dienst haben wir die Erfahrung gemacht, dass es hilfreich ist, wenn Sie Gott bitten, jede nicht von ihm gewollte Bindung zwischen Ihnen, Ihren Eltern und weiteren Vorfahren, durch die dämonische Anrechte bestehen könnten, zu durchbrechen. Das kann durch ein Gebet wie dem folgenden geschehen:

Im Namen Jesu bitte ich dich, Gott, alle nicht von dir gewollten Bindungen, die zwischen mir und meinem Vater oder meiner Mutter oder deren Vorfahren bestehen, zu durchbrechen. Ich bitte dich, dass du diese Verbindungen durchtrennst und alles herauslöst und in mir wiederherstellst, was in falscher Weise an irgendeinen Vorfahren väterlicher- oder mütterlicherseits gebunden war.

Schritt 8 – Befreiung von dämonischen Einflüssen

Wo der Feind aufgrund unserer eigenen Sünden oder der Sünden, die andere an uns begangen haben (eingeschlossen die Sünden unserer Vorfahren), Anrechte und Einfluss gewonnen hat, da mag Befreiung von dämonischen Bindungen notwendig sein. Bevor wir jedoch versuchen, diese dämonischen Bindungen zu lösen, ist es ganz wichtig, dass jedes Anrecht des Feindes beseitigt wird. Das geschieht, indem wir unsere Sünden bekennen, von ihnen umkehren und uns von ihnen lossagen, und schließlich auch all jenen vergeben, die gegen uns gesündigt haben.

Da dämonische Mächte oft da ansetzen, wo emotionaler Schmerz vorhanden ist und von dort aus wirken, ist es empfehlenswert, zunächst die dämonischen Mächte nur zu binden, und dann erst einmal auf den inneren Schmerz einzugehen und die zornigen Gefühle auf eine gottgemäße Weise zum Ausdruck zu bringen, bevor die dämonischen Mächte endgültig hinausgeworfen werden. Bei dem Versuch, einen Menschen von solchen Einflüssen zu befreien, können starke Manifestationen und gewalttätige Ausbrüche auftreten, die schwer zu beherrschen sind, besonders dort, wo Prozesse der inneren Heilung noch nicht abgeschlossen sind. Ist die innere Heilung aber bereits geschehen, wird der Mensch, der Befreiung sucht, oft nur einen tiefen Seufzer oder etwas ähnliches von sich geben, wenn die dämonischen Mächte angesprochen und hinausgeworfen werden.

Obwohl Freiheit von dämonischen Bindungen auch durch Befreiungsdienst an der eigenen Person erreicht werden kann, würden wir grundsätzlich empfehlen, dass Sie jemanden bitten, der bereits Erfahrung und Unterscheidungsvermögen auf diesem Gebiet hat, mit Ihnen zu beten.

Während des Befreiungsdienstes sollte die Person, die Befreiung sucht, ermutigt werden, auch ihren eigenen Willen und ihre eigene Autorität einzusetzen und den Feind zu sagen, dass er gehen soll. Die dämonischen Mächte können in der folgenden Weise angesprochen werden:

Im Namen Jesu befehle ich dem unreinen Geist der/des .... *(benennen Sie den Bereich der Gebundenheit),* .... *(nennen Sie den Namen der gebundenen Person)* ***zu verlassen, ohne sie/ihn zu verletzen oder ihr/ihm sonst einen Schaden zuzufügen, und ohne ein anderes Mitglied der Familie zu belästigen. Im Namen Jesu. Amen.***

Wichtig ist, dass wir in Jesus Autorität haben, mit dem Feind fertig zu werden. Und dass wir diese Autorität einsetzen.

Dabei ist der genaue Wortlaut gar nicht so wichtig. Wichtig ist, dass wir in Jesus Autorität haben, mit dem Feind fertig zu werden. Das müssen wir wissen und diese Autorität auch einsetzen, nachdem sein Recht zu wirken erst einmal beseitigt worden ist.

Schritt 9 – Versöhnung

Wenn Beziehungen infolge unseres falschen Umgangs mit unserem Zorn, Schaden genommen haben, dann wird es notwendig sein, dass wir uns um Versöhnung bemühen. Dazu müssen wir zunächst einmal die Verantwortung für unsere Taten übernehmen und die Person, der wir Unrecht getan haben, um Vergebung bitten.

Selbst wenn die andere Person zuerst falsch gehandelt hat, ist es trotzdem wichtig, dass wir sagen, dass es uns Leid tut, wie wir darauf reagiert haben – falls wir auf eine Weise reagiert haben, die nicht hilfreich war. Wenn wir uns auf diese Weise demütigen, dann sehen wir ja nicht einfach über das hinweg, womit diese Person uns zum Zorn gereizt hat. Wir sagen damit auch nicht, dass wir dieser Person ab sofort wieder vertrauen wollen – dieses Vertrauen wird sie sich womöglich erst wieder verdienen müssen. Und schon gar nicht sagen wir damit, dass wir uns in Zukunft ihrem Hang zu Kontrolle und Manipulation beugen werden. Wir versuchen lediglich, in unserem Herzen wieder mit Gott ins Reine zu kommen. Während wir das tun, bewegt Gott oft auch etwas im Herzen der anderen Person, so dass die Beziehung geheilt werden kann.

Ein weiterer wichtiger Schlüssel zur Versöhnung ist die Fähigkeit, andere auf ein gottgemäße Art und Weise in Liebe zu konfrontieren. Darum soll es im nächsten Kapitel gehen.

Kapitel 10

Wie kann ich andere in Liebe konfrontieren?

Während wir versuchen, ein Leben nach Gottes Geboten zu leben, sind es am ehesten die Beziehungen mit anderen Menschen, die uns Anlass zum Zorn geben, und in denen wir auf eine Weise reagieren, die Gott nicht gutheißen kann.

Ja natürlich, wir können auch schon mal richtig frustriert sein, weil das Auto oder der Computer plötzlich nicht mehr mitmachen. Vielleicht regt es uns auch schon mal auf, wenn in unserer Gesellschaft etwas nicht so läuft, wie wir uns das wünschen, oder wenn die Regierung sich nicht den Themen widmet, die uns wichtig erscheinen. Aber es sind doch hauptsächlich unsere täglichen Beziehungen in der Familie, zu Freunden oder an der Arbeitsstelle, in denen Dinge geschehen, die uns zum Zorn reizen. In diesen Beziehungen werden wir verletzt und geben dann unseren Gefühlen auf eine Weise Ausdruck, die nicht gottgemäß ist.

Sprechen Sie die Sache gegenüber der betroffenen Person klar an

Ehefrauen können auf die lästige Angewohnheit ihres Mannes, seine schmutzige Kleidung überall herumliegen zu lassen, schon mal etwas gereizt reagieren. Oder Studenten können sich darüber aufregen, dass die Mitbewohner ihrer WG ihren Teil an den Gemeinschaftsaufgaben nicht verrichten. Wir sind vielleicht verärgert, weil unser Chef unseren Einsatz für selbstverständlich zu halten scheint, oder weil unser Kollege sich dauernd den Locher ausleiht und nie daran denkt, ihn auch zurückzubringen. Solange wir diese Dinge aber nicht ansprechen und die Menschen, die dafür verantwortlich sind, damit konfrontieren, wird unser Leben mehr oder weniger von offenem oder unterdrücktem Zorn geprägt sein.

Solange wir diese Dinge aber nicht ansprechen und die Menschen, die dafür verantwortlich sind, damit konfrontieren, wird unser Leben mehr oder weniger von offenem oder unterdrücktem Zorn geprägt sein.

Konfrontation ist ein Wort, das unwillkürlich Emotionen in uns hervorruft. Die meisten Menschen denken, wenn es ums Konfrontieren geht, an aggressive, feindselige Streitgespräche, die sie schon erlebt haben und wollen so etwas möglichst um jeden Preis vermeiden. In einem Konflikt hat meistens eine der Parteien die größere Macht und zwingt den anderen nachzugeben. Darauf verliert der Unterlegene oft die Kontrolle und zeigt entweder offen seinen Zorn oder verlässt unter Tränen das Zimmer.

Wegen der Beschämung, die mit einem solchen Kontrollverlust einher geht, entscheiden sich solche „Verlierer" oft, ihre wahren Gefühle in Zukunft lieber nicht mehr zu zeigen und ohne weitere Diskussion alles zu akzeptieren, was von ihnen gefordert wird. Wenn Sie herausfinden wollen, ob Sie von jemandem manipuliert, dominiert oder eingeschüchtert werden, dann stellen Sie sich einmal die Frage, ob Sie gegenüber diesem Menschen Scheu haben, offen auszusprechen, wenn Sie anderer Meinung sind. Vielleicht denken Sie, „Ich könnte dabei verletzt oder zurückgewiesen werden"; „Das führt zu nichts Gutem, die Beziehung wird darunter leiden"; „Das ist mir zu viel Aufwand"; „Ich mach mich doch zum Narren" oder vielleicht sogar „Ich könnte den anderen verletzen oder vernichtend treffen". Es ist schon erstaunlich, wie dieses „Was wäre wenn?" sich in unserem Denken hochschaukeln und eine regelrechte Blockade erzeugen kann.

Wir können uns viele Argumente ausdenken, warum es besser

wäre, eine Sache nicht anzusprechen; wir sollten aber dabei bedenken, dass jeder Konfrontation auszuweichen auch nicht der gottgemäße Weg sein mag, mit den Konfliktsituationen unseres Lebens umzugehen. Bevor wir uns anschauen, wie wir in Liebe konfrontieren können, wollen wir zunächst sehen, welche anderen Optionen uns offen stehen, wenn jemand uns verletzt oder zum Zorn reizt.

Frieden um jeden Preis

Das erste, was wir tun können, wenn jemand uns zum Zorn gereizt hat, ist, unsere Gefühle zu verbergen. Wenn wir wütend werden, weil jemand etwas von uns verlangt, das wir nicht einsehen, dann können wir uns entscheiden, unsere Gefühle dennoch nicht zu zeigen und uns einfach passiv zu fügen. Wenn jemand etwas zu uns sagt, das uns verletzt und ärgert, dann können wir uns ungerührt zeigen und einfach den Mund halten. Wir eignen uns dann eine Haltung des „Frieden um jeden Preis“ an und vermeiden möglichst jede Konfrontation.

> *Äußerlich mag der Friede gewahrt bleiben, aber nur für den Preis von Unfrieden und Aufruhr im Inneren.*

Dann gehen wir weg und denken wieder und wieder über das Geschehene nach; versuchen es abzuschütteln und so die Verletzung und den Schmerz möglichst gering zu halten. Vielleicht trinken wir auch ein Bier oder gönnen uns ein großes Stück Schokoladenkuchen, um uns wieder etwas aufzumuntern. Entweder beschuldigen wir uns selbst oder wir reden uns ein, dass es wirklich das Beste gewesen sei, die Konfrontation zu vermeiden. So wird diese Art des Umgangs mit unseren Gefühlen zu einem fest eingefahrenen Verhaltensmuster. Äußerlich haben wir dann den Frieden gewahrt, doch geht dies unweigerlich auf Kosten von Unfrieden und Aufruhr in unserem Inneren.

Es aller Welt erzählen

Die zweite Option, die wir haben, wenn wir jemand uns verletzt oder geärgert hat, ist, jeden wissen zu lassen, wie übel uns mitgespielt worden ist. Dann erzählen wir jedem, der bereit ist, uns zuzuhören, wie sehr wir im Recht waren und wie sehr die Menschen, die uns geärgert haben, im Unrecht waren. Dabei versuchen, wir unser eigenes Verhalten und unseren eigenen Charakter in leuchtenden Farben zu malen, während wir den Ruf der anderen kaltblütig zerstören.

Menschen, die so reagieren, sind normalerweise selbst eher feindselig und aggressiv.

Das ist ganz sicher nicht die richtige Art, mit Schwierigkeiten in Beziehungen umzugehen. Wie leicht kann daraus Tratsch und üble Nachrede werden und dadurch werden Beziehungen eher zerstört als aufgebaut. Menschen, die so reagieren, sind normalerweise selbst eher feindselig und aggressiv. Sie werden wahrscheinlich sagen, dass sie gar nichts gegen Konfrontationen haben und einfach nur die Dinge richtig stellen wollen. Möglicherweise haben sie sogar mit ihrer eigenen Haltung dazu beigetragen, dass die Situation, in der sie sich so schlecht behandelt fühlten, sich so entwickelte.

Die Sache einfach übergehen

Die dritte Möglichkeit, Situationen, in denen wir zornig werden, aufzulösen: die andere Person überhaupt nicht zu konfrontieren, sondern das, was wir als Angriff empfinden, einfach zu übergehen. Die Bibel sagt ja auch „Die Liebe bedeckt eine Menge von Sünden“. Indem wir uns an diesen Gedanken halten, entscheiden wir uns vielleicht, den Groll, den wir gegen jemand anderen empfinden, nicht so schwer zu nehmen und wollen die Beziehung lieber unverändert fortführen. Wir entscheiden uns in gewisser Weise, unsere Bewertung der Situation zu ändern, um den Frieden zu wahren.

Wir sind vielleicht bereit, unseren Freunden ein paar kleinere Marotten zuzugestehen und gegenüber Fehlern tolerant zu sein, die uns nicht allzu sehr beeinträchtigen. Und so kommen wir zu dem Schluss, dass er oder sie viele wunderbare Eigenschaften hat, die viel wichtiger sind als solche banalen Anlässe für Irritationen.

Die goldene Regel der Liebe sagt, dass wir andere so behandeln sollen, wie wir auch von ihnen behandelt werden möchten (Matthäus 7,12). Wir können uns entscheiden, uns an 1. Korinther 13 zu halten und das Böse nicht zuzurechnen. Und wir können uns damit zugleich entscheiden, dass der Ärger, der durch solche kleineren Irritationen hervorgerufen wird, sich nicht in uns anstauen soll.

> *Wenn wir nicht bereit, sind einige Fehler bei anderen einfach zu übersehen, dann sollten wir einmal unser eigenes Herz prüfen.*

Unsere Entscheidung, die Sache einfach zu übergehen, treffen wir nicht, weil wir Angst davor haben, andere Menschen mit ihren Fehlern zu konfrontieren, sondern weil wir uns aus freien Stücken entschließen, auf das Verhalten dieser Menschen mit Barmherzigkeit und Gnade zu reagieren! Wir beschließen, Nachsicht zu üben und tolerant zu sein. Wir entscheiden uns für Geduld und Langmut, die zu den Früchten des Heiligen Geistes gehören und wichtige Aspekte der Liebe sind.

Fehler, die wir in anderen feststellen, auch einmal übersehen zu können, gehört einfach zum Leben dazu. Jeder von uns ist einzigartig, und wir unterscheiden uns in dem, was uns ausmacht, oft erheblich voneinander. Wenn wir das wissen und uns trotzdem nicht dazu durchringen können, auch über Fehler anderer hinwegzusehen, sondern dagegen das Gefühl haben, alles was uns stört, auch ansprechen zu müssen – dann sollten wir einmal unser eigenes Herz prüfen. Haben wir uns vielleicht eine überkritische und richtende Haltung angeeignet? Versuchen wir unsere Umwelt zu kontrollieren? Stellen wir unsere eigenen Bedürfnisse über die Bedürfnisse unserer Mitmenschen? Gestehen wir auch anderen zu, uns zu konfrontieren, oder sind immer wir es, die andere auf ihre Fehler ansprechen?

Die Entscheidung in Liebe zu konfrontieren

Die vierte Option schließlich, die wir haben, wenn uns jemand verletzt oder zum Zorn reizt, ist, in Liebe zu konfrontieren. Das klingt zunächst wie ein Widerspruch in sich. Kann den Konfrontation Ausdruck von Liebe sein? Kann sie für eine Beziehung hilfreich sein, und sowohl dem, der verletzt wurde, als auch dem Täter zum Besten dienen?

> *Konfrontation kann liebevoll, einfühlsam und schonend erfolgen.*

Konfrontation muss keineswegs immer aggressiv oder feindselig sein, wie viele denken. Sie kann auch liebevoll, einfühlsam und schonend erfolgen. In Epheser 4,15 heißt es, dass wir die Wahrheit in Liebe sprechen sollen. Und im Leben von Jesus können wir an vielen Beispielen sehen, wo er die Menschen auf ihre Sünde ansprach, wie man in guter Weise konfrontieren kann.

Zum Beispiel konfrontierte Jesus die Frau am Brunnen mit der Wahrheit über sich selbst, aber er tat das sanftmütig und voller Liebe, und zeigte, dass er ihre Verletztheit und ihren Schmerz verstand. Hier haben wir ein Beispiel, wie Konfrontation im besten Sinne aussehen kann. Übersehen wir dabei auch nicht, dass die Unterhaltung nur unter vier Augen erfolgte. Wie unangenehm und peinlich wäre es der Frau wahrscheinlich gewesen, wenn die gleiche Unterhaltung im Beisein anderer stattgefunden hätte.

Jesus liebte seine Jünger, aber gelegentlich musste er sie doch wegen ihrer falschen Herzenshaltungen zurechtweisen. Denken

Sie nur an die Situation, als Johannes und Jakobus Feuer vom Himmel auf das samaritanische Dorf herabsenden wollten, weil Jesus dort keine Aufnahme gefunden hatte (Lukas 9,54 – 55).

Den Pharisäern gegenüber drückte Jesus sein Missfallen sogar oft mit sehr deutlichen Worten aus. Hier war Sanftmut nicht mehr angebracht, weil diese religiösen Führer mit sanften Worten nicht mehr zu erreichen waren. Ihre Herzen war hart, unempfindlich und voller Bosheit geworden, darum sprach Jesus zu ihnen als der gerechte Richter.

Vielleicht haben Sie auch schon mal einen Prediger sagen hören, „Wenn jemand fehlt und gegen Sie sündigt, dann brauchen Sie nur der biblischen Richtschnur von Matthäus 18, 15 – 17 zu folgen."

> *„Sündigt aber dein Bruder an dir, so geh hin und weise ihn zurecht zwischen dir und ihm allein. Hört er auf dich, so hast du deinen Bruder gewonnen. Hört er nicht auf dich, so nimm noch einen oder zwei zu dir, damit jede Sache durch den Mund von zwei oder drei Zeugen bestätigt werde. Hört er auf die nicht, so sage es der Gemeinde. Hört er auch auf die Gemeinde nicht, so sei er für dich wie ein Heide und Zöllner."*

In der Realität ist die Anwendung dieses Prinzips jedoch alles andere als einfach. Das liegt daran, dass unsere Beziehungen vielfach durch sündhafte Verhaltensmuster schon geschädigt sind. Vielleicht ist der Bruder, der die Sünde begangen hat, ja ein sehr dominanter und aggressiver Mensch. Und vielleicht haben Sie, als derjenige der verletzt worden ist, einfach Angst, noch weiter verletzt zu werden, wenn Sie diesen Menschen damit konfrontieren.

Wenn Sie in der Kindheit tiefe Ablehnung erfahren haben, dann fühlen Sie sich womöglich ziemlich unsicher und haben mit einem geringen Selbstwertgefühl zu kämpfen. Unterstellt Ihnen dann jemand ungerechtfertigterweise, dass Sie etwas falsch gemacht haben, dann bringt Sie das leicht durcheinander, und Sie können gar nicht klar entscheiden, ob der Vorwurf, der Ihnen entgegen gebracht wurde, nun gerechtfertigt ist oder nicht. Sie sind dann vielleicht zornig wegen des ungerechtfertigten Vorwurfs, aber es fehlt Ihnen an innerer Sicherheit, den anderen darauf anzusprechen. Der Vorwurf passt vielleicht gerade noch zu der Last von Schuld und Scham, die Sie ohnehin mit sich herumtragen. Und am Ende haben Sie dann womöglich noch das Gefühl, es sei wirklich alles Ihr Fehler gewesen.

Ziehen Sie jemand zur Unterstützung hinzu, der Sie davor bewahrt, eingeschüchtert zu werden.

Trotz solcher Schwierigkeiten sollten wir es dennoch ernst nehmen, wenn Jesus sagt, dass solche Dinge offen angesprochen werden sollen. Die Bibel gibt klare Anweisungen, was zu tun ist, wenn Ihr Bruder nicht auf Sie hört. Man kann das so verstehen, dass man jemanden hinzuzieht, der einen unterstützt und davor bewahrt, eingeschüchtert zu werden, besonders wenn zusätzlich noch die Gefahr besteht, dass der Konfrontierte irgendwie unangemessen reagieren könnte.

Wenn wir uns an biblische Richtlinien halten wollen, um Probleme in Beziehungen zu lösen und Versöhnung zu bewirken, dann tun wir gut daran, zu beherzigen, was Jesus in Matthäus 7 lehrt. Demnach sollen wir erst den Balken aus unserem eigenen Auge entfernen, damit wir überhaupt klar genug sehen können, um unserem Nächsten zu helfen, den Splitter aus seinem Auge zu entfernen. Wir müssen demütig genug sein, zunächst unsere eigenen Fehler und Schwächen zuzugeben. bevor wir auf andere zugehen, um sie aufgrund ihres Verhaltens zu konfrontieren. Vergebung hat mit der Vergangenheit zu tun und ist etwas, was uneingeschränkt von uns erwartet wird, unabhängig von der Reaktion dessen, dem wir vergeben. Um jedoch hier und heute in einer Beziehung Versöhnung zu bewirken, bedarf es immer einer Handlung und Kommunikation von beiden Seiten.

Die Sprache der Konfrontation

Wenn wir andere konfrontieren, ist es ganz besonders wichtig, wie wir uns ausdrücken. Wir müssen deutlich machen, warum wir verletzt und zornig sind. Und wir müssen erklären, wie wir die Situation sehen, während wir gleichzeitig einräumen, dass auch wir möglicherweise etwas falsch beurteilen. Auf alle Fälle sollten wir eine vorwurfsvolle Ausdrucksweise vermeiden. Die würde bei unserem Gegenüber nur eine Abwehrhaltung erzeugen. Statt zu sagen: „Du hast mich gestern richtig wütend gemacht, als du...", ist es besser so zu formulieren: „Ich empfand gestern Wut und fühlte mich herabgesetzt als du gesagt hast..." Konzentrieren Sie sich in Ihrer Darstellung auf Ihre eigenen Empfindungen, statt Vorwürfe zu machen.

Sensible und einfühlsame Menschen werden oft schon reagieren, wenn sie ruhig und freundlich mit ihnen sprechen. In aller Regel werden sie anerkennen, dass etwas Sie verletzt hat, und sie werden an Versöhnung und einer einvernehmlichen Lösung interessiert sein. Eher unsensible Menschen werden in einer ähnlichen Situation vielleicht noch nicht einmal merken, worum es eigentlich geht. In einem solchen Fall muss man unter Umständen zu deutlicheren Worten greifen.

Bleiben Sie ruhig und lassen Sie sich nicht in ein Wortgefecht verwickeln.

Nehmen wir einmal an, Ihr Gegenüber lacht Sie aus oder ignoriert Sie einfach. Dann geben wir Ihnen den Rat, die Kommunikation auf jeden Fall nicht einfach abzubrechen, sondern eine deutlichere Botschaft auszusenden. Zum Beispiel so: „Ich habe den Eindruck, dass du nicht verstehst, wie sehr mich das verletzt hat." Am besten setzen Sie die Kommunikation in aller Aufrichtigkeit so lange fort, bis die betreffende Person Sie versteht. Was aber, wenn diese Person nun ihrerseits wütend wird? Bleiben Sie ruhig und lassen Sie sich nicht in ein Wortgefecht verwickeln. Geben Sie aber auch nicht nach, sondern sagen etwas in dieser Art, „Vielleicht brauchst du etwas Zeit, um über das nachzudenken, was ich gesagt habe. Lass uns morgen weiter darüber reden."

Eine sehr dominante oder aggressive Person wird vielleicht versuchen, sich zu verteidigen, in dem sie Sie angreift. Stehen Sie dann fest aber ruhig zu Ihrem Standpunkt, ohne nachzugeben. Hier braucht es Entschlossenheit, um das Problem zu lösen. Wenn die Person Ihnen ausweicht und einfach weggeht, dann greifen Sie das Thema zu einem anderen Zeitpunkt wieder auf, ohne die vorherige Reaktion Ihres Gegenübers zu kommentieren. Bleiben Sie am Thema und vermeiden Sie in dieser Situation auch unpassenden Humor. Sagen Sie: „Aus meiner Sicht stellt sich das so dar..." Stellen Sie keine Vermutungen an, sondern hören Sie auch Ihrem Gegenüber genau zu, ohne ihn zu unterbrechen. Nur so können Sie feststellen, ob Sie mit Ihrer Einschätzung richtig liegen.

Bevor Sie jemanden konfrontieren

Es ist selten einfach, jemanden zu konfrontieren, und oft gehört eine Menge Mut dazu. Nehmen Sie sich daher Zeit, sich darauf vorzubereiten.

1. Werden Sie sich über Ihre eigenen Gefühle klar.
2. Denken Sie noch einmal in Ruhe über alles nach und stürmen Sie nicht einfach los.
3. Beten Sie um Weisheit.
4. Finden Sie den wahren Grund für Ihren Ärger heraus. Klären Sie das für sich. Vielleicht reden Sie auch erst einmal mit einem Freund oder Seelsorger, dem Sie vertrauen.
5. Prüfen Sie, ob Ihr Zorn gerechtfertigt ist.
6. Versuchen Sie zu verstehen, warum die andere Person sich so verhalten hat.

7. Entscheiden Sie nun, was zu tun ist.

8. Wenn Sie zu dem Schluss kommen, dass es das Beste ist, die andere Person in der Sache zu konfrontieren, dann tun Sie das, ohne die Person anzugreifen und nur unter vier Augen. Fühlen Sie sich durch den Anderen aber eingeschüchtert oder besteht die Gefahr, dass Sie ihm nicht gewachsen sind, dann nehmen Sie ruhig jemanden zu Ihrer Unterstützung dazu.

Legen Sie sich zurecht, wie Sie das Thema anschneiden wollen. Vielleicht sagen Sie: „Ich würde gern mit dir reden. Wann passt es dir?", oder „Es geht um gestern. Ich weiß nicht, ob dir bewusst ist, dass du mich sehr getroffen hast, als du sagtest, dass ich immer alles kontrollieren müsste und das bald niemand mehr mit mir arbeiten wollte", oder „Als du letzte Woche sagtest, ich würde deine Autorität untergraben, hat mich das sehr verletzt", oder „Ich denke, es gibt da ein Missverständnis zwischen uns".

> *Es kann Sie beruhigen und innerlich gefestigter machen, wenn Sie wissen, dass Sie nur versuchen zu tun, wozu Jesus Sie auffordert.*

Wenn wir jemanden konfrontieren, sollten wir nicht vergessen, dass es nicht darum geht, Recht zu behalten oder einen Streit zu gewinnen. Auch muss nicht notwendigerweise immer eine Entschuldigung der anderen Seite erfolgen. Was wir tun, tun wir, um die Luft zu reinigen und um unseren Teil zum Fortbestand unserer Beziehung zum anderen beizutragen. Und wie immer die Sache ausgeht, es kann uns beruhigen und innerlich gefestigter machen, wenn wir wissen, dass wir nur versuchen zu tun, wozu Jesus uns auffordert.

Kapitel 11

Zorn – wie gehe ich in Zukunft damit um?

In diesem Buch haben wir den Versuch gemacht, eine biblische Sicht des Zorns zu vermitteln. Wir haben uns die Ursachen für Zorn und Schritte zum richtigen Umgang mit Zorn angesehen. Wir hoffen, dass diese Schritte Ihnen geholfen haben, einiges besser zu verstehen, und dass es Ihnen dadurch leichter möglich war, die eigentlichen Ursachen für Ihren Zorn zu erkennen und etwas dagegen zu unternehmen. Und wir hoffen natürlich auch, dass dieses Buch Ihnen geholfen hat, mit dem angestauten und unterdrückten Zorn in Ihrem Leben fertig zu werden, der Zorn, der Ihre Gefühle und Ihr Verhalten in der Vergangenheit so sehr geprägt hat.

Und doch ist es unvermeidlich, dass Sie auch in Zukunft mit Situationen konfrontiert werden, in denen Sie Zorn empfinden. Sie stehen dann vor der Herausforderung, sich diesen Situationen zu stellen, ohne wieder in die alten Verhaltensmuster zurückzufallen. Wenn Sie den angestauten Zorn in Ihrem Leben aufgearbeitet haben, wird Ihnen das sicher leichter fallen. In jedem Fall aber müssen Sie immer wieder bewusst und willentlich die richtigen Entscheidungen treffen.

Geben Sie Gott die volle Kontrolle

Beschließen Sie, Jesus zum Herrn in jedem Bereich Ihres Lebens zu machen. Haben Sie den ernsthaften Wunsch, dass Ihre Gedanken, Gefühle und Taten in jeder Situation dem entsprechen, was auch Jesus in der gleichen Situation, denken, fühlen oder tun würde.

> *Haltet euch an Jesus Christus, den Herrn, und lasst euer Leben von ihm bestimmen. Gebt euren Wünschen nicht so weit nach, dass ihr von euren Leidenschaften beherrscht werdet.*
> (Römer 13,14 – Neues Leben)

Bitten Sie Jesus, Ihnen zu helfen, Ihren Zorn als Antriebskraft für Veränderung einzusetzen. Ist der Zorn mit nicht geheilten Verletzungen in Ihrem Leben verbunden, dann ignorieren Sie diese Verletzungen nicht einfach, sondern suchen Sie Heilung. Hat der Zorn mit Unrecht zu tun, das andere Ihnen zugefügt haben, dann bitten Sie Gott, Ihnen zu zeigen, wie Sie auf das Unrecht reagieren sollen. Hat der Zorn mit Beziehungen und mit der Art und Weise, wie andere Sie behandelt haben, zu tun, dann lassen Sie sich von Ihrem Zorn motivieren, an der Beziehung zu arbeiten und sie zu verbessern. Denken Sie darüber nach, was an der Situation nicht in Ordnung ist und wie sich das ändern lässt. Halten Sie sich das vor Augen, während Sie an der Lösung des Problems arbeiten.

Übernehmen Sie die volle Verantwortung für Ihr Verhalten

Entscheiden Sie sich, in Zukunft zwischen Zorn als Gefühl und dem daraus folgenden Verhalten zu unterscheiden. Legen Sie sich fest, Verantwortung für das nicht gottgemäße Verhalten, das aus Ihrem Zorn entsteht, zu übernehmen.

Entscheiden Sie sich, in Zukunft nicht mehr anderen die Schuld zu geben oder Ihr nicht gottgemäßes Verhalten irgendwie zu entschuldigen. Streben Sie stattdessen nach Selbstbeherrschung. Bitten Sie Gott, dass er Ihre Impulsivität und Ihre Neigung, aggressiv zu reagieren, wenn Sie sich bedroht oder gereizt fühlen, zur Ruhe bringt.

Und legen Sie sich fest, wenn Sie es doch einmal wieder nicht schaffen sollten, demütig genug zu sein, um Vergebung zu bitten und Versöhnung zu suchen.

Beschließen Sie, sich dem Zorn sofort zu stellen, wenn er aufkommt

Entscheiden Sie sich, sich Ihrem Zorn sofort zu stellen, wenn er aufkommt und ihn nicht zu verdrängen oder zu unterdrücken. Wenn Sie das nicht tun, wird sich in Ihnen erneut unverarbeiteter Ärger aufstauen, aus dem Gedanken und Taten erwachsen, die Gott nicht gutheißen kann.

Sich dem Zorn zu stellen, heißt nicht, dass Sie sich der Sache gleich in dem Moment widmen müssen, in dem der Zorn aufkommt. Vielleicht müssen Sie sich auch erst einmal Zeit nehmen, um wieder zur Ruhe zu kommen. Es bedeutet, dass Sie der Ursache für Ihren Zorn auf den Grund gehen und, sofern das angemessen ist, diesem Zorn auch Ausdruck geben. Es heißt auch, dass Sie ehrlich zu sich selber sind und versuchen, die ungerechtfertigten Aspekte Ihres Zorns zu überwinden. Entscheiden Sie sich stattdessen, sich nur noch von gerechtfertigtem Zorn bewegen zu lassen.

Leben Sie in Freiheit und Vergebung

Entscheiden Sie sich, mit einer vergebenden Haltung gegenüber denen, die Sie verletzt oder verärgert haben, zu leben. Das heißt nicht, dass Sie über die Sünden, die andere gegen Sie begehen, nicht zornig werden dürfen. Aber es heißt, dass Sie sich entscheiden, diesen Menschen mit Nachsicht und Gnade zu begegnen.

„Ertragt einander und vergebt euch gegenseitig, wenn einer Klage gegen den anderen hat; wie auch der Herr euch vergeben hat, so auch ihr!“

(Kolosser 3,13)

Üben Sie sich in der gottgemäßen Art der Konfrontation

Legen Sie sich fest, dass Sie nicht mehr nur Opfer sein wollen, wenn andere versuchen, Sie zu kontrollieren, manipulieren oder für ihre Zwecke zu missbrauchen. Entscheiden Sie sich, den Zorn in solchen Situationen zuzulassen und nicht länger passiv zu bleiben, sondern aktiv zu werden.

Beschließen Sie, mit Gottes Hilfe Ihre Angst zu überwinden und eine gottgemäße Art der Konfrontation zu üben. Beschließen Sie, in Zukunft zu versuchen, Missverständnisse, die nur zu Verwirrung und gemischten Gefühlen führen, aufzuklären. Und beschließen Sie, in Zukunft zu versuchen, anderen zu erklären, warum deren Worte oder Taten Sie wütend gemacht haben.

Streben Sie danach, in der Gegenwart Gottes zu leben

Streben Sie danach, sich Tag für Tag gewiss zu sein, dass Gott bei Ihnen ist. Beschließen Sie, ein Mensch zu werden, der Gott lobt und anbetet, ganz gleich, wie die Umstände sein mögen. Entscheiden Sie sich, vom Geist Gottes geleitet zu werden, statt von Ihrer fleischlichen Natur. Und entscheiden Sie sich, Gott sofort um Hilfe zu bitten, wenn dieses Gefühl des Zorns einmal wieder in Ihnen hochkommt.

Lieber Herr Jesus, du weißt alles über mich. Du kennst alle Kämpfe, die ich mit meinen Gefühlen habe und auch die Schwierigkeiten, sie auf eine angemessene Art auszudrücken. Herr, hilf mir, mehr wie du zu werden. Hilf mir, zu meinen Gefühlen zu stehen und sie zu verstehen, und darauf so zu reagieren, wie du reagieren würdest. Hilf mir, Herr, alles das, was du mir gezeigt hast, in meinem Leben auch anzuwenden. Und bitte hilf mir, Herr, mit dem Heiligen Geist zusammenzuarbeiten, damit ich mehr und mehr in dein Bild verwandelt werde. Amen.

Wir beten und hoffen, dass Sie die in diesem Buch beschriebenen Gedanken und Prinzipien in die Tat umsetzen und dass Sie in Zukunft auf die Frage *„Zorn... wie gehen Sie damit um?"* sagen können: *„Viel besser als früher!"*

Über die Autoren

Paul und Liz haben zwanzig Jahre in Südafrika, Bahrain und Japan gelebt, wo Paul als Chemieingenieur für eine internationale Ölgesellschaft arbeitete. Derweil widmete sich Liz, die von Beruf Grundschullehrerin ist, der Erziehung ihrer beiden Kinder, sie engagierte sich in vielen Bereichen des Gemeindelebens und arbeitete ehrenamtlich bei der Telefonseelsorge mit. Ein wachsendes Verlangen, dem Herrn zu dienen, brachte Paul dazu, seine Arbeit als Ingenieur aufzugeben und sich für drei Jahre an einer Bibelschule in England einzuschreiben. 1991 stießen sie zur Dienstgemeinschaft von Ellel Ministries und wurden 1995 Vollzeitmitarbeiter bei Ellel Grange. Paul ist dort Mitglied des Leitungsteams und beide, Paul und Liz, arbeiten in Lehre und Dienst an Menschen, die Heilung für ihr Leben suchen.

Über Ellel Ministries

Unsere Vision

Ellel Ministries ist eine überkonfessionelle christliche Organisation. Unsere Vision ist es, Gemeinden zu unterstützen und auszurüsten, indem wir für Menschen ein offenes Ohr haben, über das Reich Gottes lehren und Menschen in Not Heilung bringen (Lukas 9,11).

Unser Auftrag

Unser Auftrag ist, die oben beschriebene Vision in der ganzen Welt, wo immer Gott Türen öffnet, zu verwirklichen. Dabei lassen wir uns vom dem Missionsauftrag, den Jesus erteilte, leiten. Wir folgen der Berufung der Gemeinde, das Reich Gottes auszubreiten, indem wir die Gute Nachricht bekannt machen, Menschen mit zerbrochenen Herzen heilen und Gefangene frei setzen.

Auf dieser Grundlage widmen wir uns dem Dienst der Evangelisation, der Heilung und Befreiung, der Jüngerschaft und der Schulung in der Nachfolge Jesu. Unser Auftrag gründet sich insbesondere auf folgende Schriftstellen: Jesaja 61,1-7; Matthäus 28,18-20; Lukas 9,1-2 u. 11; Epheser 4,12 und 2. Timotheus 2,2.

Die Grundlage unseres Glaubens

Gott ist ein dreieiniger Gott.
Gott, der Vater, liebt jeden Menschen.
Gott, der Sohn, Jesus Christus, ist Retter und Heiler, Herr und König.
Gott, der Heilige Geist, wohnt in uns Christen und verleiht uns die dynamische Kraft, mit der wir befähigt werden, den Dienst Jesu fortzuführen.
Die Bibel ist die von Gott inspirierte letzte Autorität in allen Fragen des Glaubens, der Lehre und des Handelns.

Weitere Informationen

www.jmsmission.org – für deutsche Informationen.

www.ellelministries.org – mit umfassenden und aktuellen Informationen über die weltweite Arbeit von Ellel Ministries (bisher nur in Englisch).

Druckpunkt-Serie

David Cross

Seelenbindungen

Wie Beziehungen uns beeinflussen

Beziehungen sind mehr als die flüchtige Begegnung zweier Menschen. Es kann Beziehungsbindungen in unserem Leben geben, die einen negativen und manipulativen Einfluss auf uns haben. Womöglich stellen wir fest, dass wir dabei Schaden an unserer Seele genommen haben. Gott möchte uns von solchen Seelenbindungen befreien.

In diesem Buch lesen Sie, was solche seelischen Bindungen sind und welche Auswirkungen sie auf unser tägliches Leben haben. Sie werden entdecken, wie Sie sich von nicht gottgemäßen Seelenbindungen lösen können, und wie die Freiheit und Heilung, die Gott für Sie bereit hat, konkret erfahrbar werden.

Dieses Buch wird auch all jenen eine große Hilfe sein, die Menschen seelsorgerlich begleiten, die unter den Folgen schwieriger Beziehungen und Bindungen leiden.

Dieses Buch ist Teil einer Serie. Es beruht auf dem bewährten Lehrmaterial von Ellel Ministries International.

Bestell-Nr.: 52 50416
ISBN 978-3-86773-021-1

Unsere Bücher erhalten Sie in jeder christlichen Buchhandlung oder direkt beim Verlag.

Druckpunkt-Serie

Jill Southern

Sex

Gottes Wahrheit

Wir leben in einer sexualisierten Gesellschaft, von allen Seiten werden wir mit Entwicklungen und Meinungen konfrontiert, die viele Fragen aufwerfen. Einer Auseinandersetzung kann man sich als Christ nicht entziehen.

Viele Christen sind verunsichert und suchen Orientierung. Was sagt die Bibel? Was sind göttliche Normen?

Dieses Buch bietet biblische Positionen an. Ehe, Ehevorbereitung, Pornografie, Homosexualität, Masturbation, Missbrauch, Sexpraktiken, Versuchungen und Chancen - zu vielen relevanten Themen rund um Sexualität gibt es eine überschaubare Einführung und eine klare Darstellung aus christlicher Sicht.

Hoffnung, Vergebung und Wiederherstellung - das bietet Gott denen an, die bei diesem Thema zu Fall gekommen sind.

Ein wichtiges Buch für junge und alte Christen, für Seelsorger und Verantwortliche.

Dieses Buch ist Teil einer Serie. Es beruht auf dem bewährten Lehrmaterial von Ellel Ministries International.

Bestell-Nr.: 52 50414
ISBN 978-3-86773-019-8

Unsere Bücher erhalten Sie in jeder christlichen Buchhandlung oder direkt beim Verlag.

Ruth Hawkey hat zusammen mit ihrem Mann jahrelang Menschen in der Seelsorge gedient und viele Seelsorger ausgebildet. Sie waren mehrere Jahre verantwortliche Leiter von Seelsorgezentren in England und Kanada, inzwischen hat Ruth Hawkey mehrere Bücher über Gebet und Seelsorge geschrieben.

Ruth Hawkey

Für Kinder beten

Segen und Heilung für dein Kind erbitten

„Wo war meine Mutter, als ich sie brauchte?", „Warum sind alle gegen mich?" Kinder erfahren Ängste, Verletzungen und Ablehnung und sie sind in der heutigen Welt hart umkämpft. Dies alles hinterlässt Spuren, die zwar nicht unbedingt sichtbar sind, aber oft dauerhafte Auswirkungen haben.
Dies zu erkennen, einzuordnen und dann Gebete zu sprechen, die Heilung und Lösungen erbitten, dazu will dieses Buch anleiten und helfen.
Ein Buch für Eltern, Pastoren und Mitarbeiter in der Kinderarbeiter

Bestell-Nr.: 52 50413
ISBN 978-3-86773-006 8

Peter Horrobin

Das stärkste Gebet der Welt

Das Wort der Vergebung

Das stärkste Gebet der Welt ist gleichzeitig auch eines der einfachsten Gebete: „Vergebt einander, wie Gott euch vergeben hat". Dieses Gebet zu lernen und zu leben, das ist der Schlüssel zum Beginn eines gesegneten Lebens in Frieden, Freiheit und Gelassenheit. Dieses Buch ist Dynamit und kann Sie und Ihr Umfeld entscheidend verändern!

Bestell-Nr.: 52 50412
ISBN 978-3-938324-85-1

Anke Kallauch:
Autorin, Seminarleiterin und hauptamtliche Referentin für Kindergottesdienst.
Mutter von drei Kindern und verheiratet mit Daniel Kallauch.

Anke Kallauch

Fit für den Tag

„Endlich" – denn viele haben nachgefragt, wann die Fortsetzung des Bestsellers „Kraftfutter – Die neue Familienlosung" kommt. Herausgeberin Anke Kallauch hat sich wieder an die Arbeit gemacht: 365 Bibelverse ausgesucht, viele Bibelübersetzungen verglichen und 40 Autoren kontaktiert.

Das sind die Erfolgszutaten:
· Ausgewählte Bibelverse in verständlichem Deutsch
· Kompakte, konkrete und kraftvolle Kurzimpulse
· Impulse, die für Kinder und Erwachsene relevant sind
· Witzige Zeichnungen von Jörg Peter
· Zeitlos, da nicht gebunden an ein bestimmtes Jahr

Jeden Morgen lesen wir das Kraftfutter und ich kann dann ganz gestärkt und unter Gottes Schutz in die Schule gehen. (Daniel)

Gesucht gefunden!!!!! Ich habe eine Andacht oder Losung für die Familie gesucht. Gefunden habe ich das Kraftfutter. Vielen Dank! Es ist genau das Richtige für eine Familie mit Kleinkindern. (Gert und Christa)

Ich bin 20 Jahre alt und komme aus einer großen Family! Ich wollt sagen, dass ich das Buch Kraftfutter echt spitze finde! (Manu)

216 Seiten, gebunden.

Buch 52 51511, € 11,95

Unsere Bücher erhalten Sie in jeder christlichen Buchhandlung oder direkt beim Verlag.

Die Vater-Trilogie von Matthias Hoffmann

Gott als Vater entdecken - mit diesem Thema trifft Matthias Hoffmann die Sehnsucht vieler Leser.
Matthias Hoffmann ist ein gefragter Seminar- und Konferenzredner, seine Bücher sind Bestseller.

Matthias Hoffmann

Gottes Vaterherz entdecken

Jetzt ist Vaterzeit! Wer dies Buch liest, wird neben inspirierender Bibelauslegung immer wieder Hilfestellung bekommen, das Gelesene gleich auf das eigene Leben anzuwenden. Dies ist wirklich ein Praxisbuch, auf das auch die zahlreichen Besuchern der „Vater-Seminare" in vielen Städten und Kirchen schon lange gewartet haben!
138 Seiten, gebunden.
4. Auflage

Buch 52 50402
ISBN 978-3-938324-14-1

Matthias Hoffmann

100 Tage in der Liebe des Vaters

Ein Buch für 100 Tage. Es führt den Leser in die liebende Gemeinschaft mit Gott, dem Vater. Sie brauchen täglich 30 Minuten, um den Weg mitzugehen. Für jeden Tag gibt es einen Lernvers, ein Gebet, eine biblische Lesung, einen konkreten Impuls und einen praktischen Schritt.
100 Seiten, gebunden.
4. Auflage

Buch 52 50401
ISBN 978-3-935699-63-1

Matthias Hoffmann

Freundschaft mit Abba-Vater

Die Zeit mit unserem Gott sollte eigentlich die beglückendste Zeit unseres Lebens sein. Aber viele Christen bekommen sofort ein schlechtes Gewissen, wenn sie an ihre „Stille Zeit" erinnert werden. „Ich kenne kaum einen Christen, der beim Thema „Stille Zeit" keine Bauchschmerzen bekommen würde. Woran liegt das nur, dass die tägliche Zeit mit Gott für uns zur Problemzone verkommen ist?"
Auf humorvolle und doch tiefgehende Art lässt uns der Autor wieder einmal über seine Schulter schauen. So kann der Leser eine Menge praktischer Ideen und Anregungen gewinnen, wie die eigene persönliche Zeit mit Gott zu einem Ort echter Freundschaft und Beziehung werden kann - ganz neu oder zum ersten Mal.
150 Seiten, gebunden.

Buch 52 50403
ISBN 978-3-86773-001-3

Unsere Bücher erhalten Sie in jeder christlichen Buchhandlung oder direkt beim Verlag.
cap-music · Oberer Garten 8 · D-72221 Haiterbach-Beihingen
Tel.: 07456-9393-0 · Fax: 07456-9393-29 · Email: info@cap-music.de · Onlineshop: www.cap-music.de